LE PALAIS

DU

LUXEMBOURG.

1615-1845.

MARIE DE MEDICIS

REINE DE FRANCE ET DE NAVARRE

Née à Florence le 26 Avril 1573.

Morte à Cologne le 3 Juillet 1642

LE PALAIS

DU

LUXEMBOURG

FONDÉ

PAR MARIE DE MÉDICIS RÉGENTE

CONSIDÉRABLEMENT AGRANDI SOUS LE RÈGNE

DE

LOUIS PHILIPPE IER

Origine et description de cet édifice; principaux événements dont il a été le théâtre

DEPUIS SA FONDATION

1615 JUSQU'EN 1845

CET OUVRAGE CONTIENT AUSSI :

L'HISTORIQUE DES RUES QUI FORMENT LE PÉRIMÈTRE DU LUXEMBOURG.
UN APERÇU SUR L'HOTEL DU PETIT-LUXEMBOURG ET LE MONASTÈRE DES ANCIENS CHARTREUX DE PARIS.
UNE NOTICE EXPLICATIVE DES OBJETS D'ART QUI ORNENT LE PALAIS ET LES JARDINS.
UNE DESCRIPTION STATISTIQUE DES BATIMENTS ET DES TERRAINS.

PAR

M. ALPHONSE DE GISORS

Architecte de la Chambre des Pairs et de l'Université

PARIS

TYPOGRAPHIE DE PLON FRÈRES

36, RUE DE VAUGIRARD

MDCCCXLVII

À Monsieur

Le Duc Decazes,

Grand-Référendaire de la Chambre des Pairs.

Monsieur le Duc,

C'est à votre concours puissant & éclairé, c'est à votre infatigable sollicitude que sont dus l'agrandissement & la restauration complète du Palais où siège la Chambre des Pairs; aussi votre nom doit-il être inscrit en tête d'un ouvrage consacré à cet édifice. N'est-ce pas d'ailleurs à votre bienveillance que je dois les fonctions que j'occupe au Luxembourg; elles m'ont mis à même d'entreprendre un travail dont je vous prie d'agréer l'hommage comme un témoignage de ma profonde reconnaissance.

Je suis avec respect,

Monsieur le Duc,

Votre très-humble & très-obéissant serviteur.

A. de Gisors.

Paris, le 1er mars 1847.

AVANT-PROPOS.

L'histoire du palais de Marie de Médicis, connu plus généralement sous le nom de Palais du Luxembourg, où siége
aujourd'hui l'un des grands pouvoirs de l'État, ne doit point
se borner à la description des bâtiments et au récit des événements qui s'y sont passés depuis sa fondation jusqu'à nos
jours. Le sol sur lequel repose cet édifice mérite à plus d'un
titre l'attention des hommes éclairés ; aussi, dans une intro--
duction séparée du corps de cet ouvrage, ai-je cru devoir
indiquer rapidement la destination primitive des terrains
qui, plus tard, ont servi à l'établissement du palais, et ont
successivement agrandi ou modifié les limites de ses jardins.

L'hôtel du Petit-Luxembourg m'a paru mériter une notice
particulière. La description du couvent des Chartreux,
détruit complétement pendant notre première révolution,
fait également partie de mon sujet, puisque l'emplacement
considérable sur lequel il a existé, est, depuis cette époque,
renfermé dans l'enceinte des jardins du Luxembourg. Enfin
j'ai pensé qu'il n'était pas sans intérêt de rechercher l'origine des rues qui avoisinent le périmètre de ce palais ou
lui servent d'avenues principales, et que ces développements
se liaient naturellement à l'histoire de l'édifice dont je donne
la description.

L'ouvrage qu'on va lire est accompagné des gravures nécessaires à l'intelligence du récit ; il se termine par une

notice explicative des objets d'art qui décorent le palais et les jardins de la Chambre des Pairs, et par la description statistique de ces bâtiments et de ces jardins.

En publiant un ouvrage d'aussi peu d'importance, il n'est pas entré dans ma pensée de prétendre le moins du monde au titre d'*écrivain*. Ce n'est pas là le genre de succès auquel un artiste doit aspirer; du moins n'est-ce pas celui que j'ambitionne.

Les principaux faits qui, au point de vue de l'art et de l'histoire, se rattachent au Palais du Luxembourg, sont disséminés dans un grand nombre d'ouvrages, soit anciens, soit nouveaux, tous étrangers à ce palais ou qui n'en parlent qu'accidentellement; il en est d'autres, perpétués seulement par le souvenir dans la mémoire de quelques hommes encore vivants, et qui, malgré leur intérêt, ne peuvent manquer de tomber bientôt dans l'oubli. Cette crainte, jointe au désir d'épargner à nos successeurs des recherches souvent infructueuses et toujours fatigantes, m'a suggéré l'idée de réunir ces faits pour les classer dans leur ordre chronologique, et, si je puis ainsi parler, les *souder* les uns aux autres, en y joignant tout ce qui est relatif à l'agrandissement considérable du palais sous le règne actuel. J'ai compris mon impuissance de faire davantage et j'ai borné là ma tâche. Après cette explication et cet aveu que j'ai crus nécessaires, j'espère obtenir quelque indulgence de la part du lecteur : il serait injuste s'il exigeait de l'artiste la correction et l'élégance de style qu'il a droit d'attendre de l'homme de lettres.

INTRODUCTION.

Le palais et les jardins du Luxembourg sont établis dans
le quartier de ce nom, sur le coteau de la partie méridionale de Paris. Sous la domination romaine, cette partie,
aujourd'hui importante de la ville, n'était qu'un faubourg
nommé *Lucotitius* ou *Lucotitie;* la *Vie de saint Droctovée,* abbé
du monastère de Saint-Germain-des-Prés, porte que Childebert vint à Paris, et fonda une église en l'honneur de saint
Vincent (aujourd'hui Saint-Germain-des-Prés) dans un faubourg de cette ville, et dans un lieu qu'on nommait autrefois Lucotitius [1]; plusieurs rues ou chemins traversaient ce
faubourg.

La voie principale partait du petit pont établi sur un des
bras de la Seine, et qui sert de communication entre l'ancienne Cité et la rue Saint-Jacques; elle suivait la direction
de cette rue jusqu'au sommet du plateau. Après avoir traversé l'emplacement de la Sorbonne et des Jacobins, elle se
prolongeait entre un camp romain et un lieu désigné sous

[1] Recueil des Historiens de France, tome III, page 437.

2

le nom de Champ des Sépultures, arrivée au carrefour formé par la rue d'Enfer et la rue de l'Est, elle suivait exactement l'ancienne avenue qui, plus tard, a été renfermée dans l'enceinte du couvent des Chartreux, et sert aujourd'hui d'entrée principale au Jardin botanique de la Faculté de Médecine ; puis elle traversait les terrains de ce couvent actuellement compris dans la Grande-Pépinière du Luxembourg, et passait ensuite par les villages d'Issy et Vanves, pour aboutir enfin à Orléans.

Lors de l'établissement des Chartreux à Paris, en 1257, cette voie antique avait été respectée ; elle était bordée à droite par le mur extérieur de leur grand cloître, et à gauche par leur petit clos ; cette disposition fut, comme on le verra plus loin, modifiée à l'époque de la construction du palais du Luxembourg.

J'ai dit que la voie antique d'Issy et d'Orléans passait dans le voisinage d'un camp romain ; les historiens qui, à des époques plus ou moins anciennes, ont écrit sur Paris, s'accordent tous à reconnaître que, pendant la domination romaine, ce camp ou place d'armes a existé près de la ville. Aucun doute ne peut s'élever sur ce point de notre histoire archéologique. Le fait est d'ailleurs attesté par Ammien Marcellin, lorsqu'il raconte comment Julien fut élevé par ses troupes à la dignité d'empereur [1]. Zozime parle également d'un repas nocturne que firent les troupes romaines dans ce camp ; il dit aussi d'une manière positive que l'emplacement où veillaient les troupes était voisin du palais de l'empereur [2]. Mais jusqu'au commencement du dix-neuvième siècle, on n'avait pu en déterminer la véritable position ; les uns l'avaient cru reconnaître vers l'entrée de la

[1] Ammien Marcellin, lib. XX, cap. IV.
[2] Zozime, lib. III, p. 152 et 170 ; édition d'Oxon.

rue Saint-Antoine à la place Baudet, d'autres dans la Cité :
toutes les incertitudes à cet égard ont dû cesser à l'époque
où des travaux considérables de terrassement ont été exécutés dans la partie orientale du jardin du Luxembourg, c'est-
à-dire de 1801 à 1813.

A cette époque, on fit dans ce jardin d'importantes découvertes; l'historien Dulaure, témoin oculaire d'une partie des
fouilles, établit, suivant moi, d'une manière précise et in-
contestable, que le camp romain occupait une partie des
jardins du Luxembourg.

» Je ne vois, dit-il, qu'un seul emplacement convenable
» à ce camp, les autres sont trop éloignés, car il aurait
» fallu traverser la Seine pour s'y rendre; ils sont peu com-
» modes et employés à des usages différents.

» Cet emplacement, presque contigu à l'enclos du palais des
» Thermes, est aujourd'hui occupé par quelques maisons
» de la rue de Vaugirard et de la rue d'Enfer, et par la
» partie orientale du jardin du Luxembourg. On aurait
» ignoré l'antique destination de cette partie du jardin, si
» des projets d'embellissement qui, pendant les années
» 1801 et 1811, y furent exécutés, n'eussent occasionné de
» grands mouvements dans le sol, et exhumé une vérité
» jusque-là cachée dans le sein de la terre.

» L'exposé succinct des objets d'antiquité qui y furent
» découverts prouvera cette destination.

» D'abord je dirai que les mouvements de terrain n'ont
» produit aucun indice de tombeaux, aucune fondation
» d'édifice romain, rien de stable, beaucoup d'objets mobiles
» et convenables à des campements.

» Déjà, avant les travaux, on avait déterré quelques ob-
» jets très-portatifs consacrés au culte. Sauval nous apprend
» que, lorsqu'on jeta les fondements du palais du Luxem-
» bourg, sous la régence de Marie de Médicis, on découvrit

» une figurine en bronze de 5 à 6 pouces de hauteur; elle
» représentait Mercure [1].

» M. de Caylus recueillit dans la suite une petite idole
» d'Apollon en bronze, trouvée près de l'angle oriental du
» même palais, du côté du jardin [2].

» Dans les fouilles faites en 1801, on déterra quelques
» figurines de divinités, une petite idole de Mercure en
» bronze, une tête de Cybèle de même métal, et quelques
» instruments que l'on croit destinés aux sacrifices.

» Des objets qui appartiennent aux repas et aux aliments
» s'y montrèrent en abondance. Plusieurs ustensiles propres
» à la cuisine, tels qu'un très-grand nombre de vases entiers
» ou en fragments de toutes formes, de toutes dimensions;
» des plats, des cuillers, des fourchettes et des manches
» de couteaux, etc.;

» Des ustensiles concernant les vêtements et la toilette,
» tels qu'ornements d'habits, miroirs, cure-oreilles, aiguilles
» en ivoire et en bronze, bracelets, clefs, dés à coudre,
» anneaux et styles.

» On y déterra un nombre infini d'autres ustensiles, plus
» particulièrement propres aux militaires et à leur habille-
» ment, comme agrafes, boucles de diverses espèces avec
» leurs ardillons, que les Romains nommaient *fibulæ;* des
» boutons, des crochets, des ornements de ceinturon, des
» harnais de chevaux, et un bout de fourreau d'épée.

» On y a recueilli plusieurs médailles; quelques-unes cel-
» tiques, d'autres consulaires, et une suite d'impériales, de-
» puis Jules César jusqu'à Honorius. C'est à l'époque de ce
» dernier empereur qu'il faut fixer celle de la désertion en-
» tière de ce camp.

---

[1] Antiquités de Paris, par Sauval, tome II, page 345.
[2] Recueil d'Antiquités, tome II.

» Quelques fragments de mosaïque y furent aussi trouvés ;
» ils pourraient avoir appartenu à l'estrade ou tribunal
» construit au milieu du camp, du haut duquel le chef
» militaire prononçait ses sentences, ses harangues ou
» allocutions.

» Toutes ces antiquités furent découvertes dans la partie
» du jardin du Luxembourg située à l'est du parterre.
» M. *Griveau,* archéologue distingué, les a recueillies avec
» zèle, et savamment décrites ; mais il s'est borné là, sans
» tirer aucune induction sur la destination du sol où on les
» a déterrées [1].

» Lorsqu'en 1811 le sol du parterre de ce jardin fut
» baissé d'environ deux pieds, d'autres antiquités furent
» exhumées, et notamment un grand nombre de fragments
» de poteries romaines avec bas-reliefs. J'en ai vu plu-
» sieurs et ramassé quelques-unes. Si ces dernières antiqui-
» tés ont été recueillies, elles n'ont point été publiées.

» J'ai reconnu aussi, en juin 1817, lorsqu'on a défriché la
» terre à l'est du palais des Pairs, pour y établir un *Rosarium*
» semblable à celui qui se voit au côté opposé, plusieurs
» fragments de poterie romaine.

» Tant d'antiquités relatives au culte, au ménage, à la
» cuisine, aux vêtements et aux usages militaires, réunies
» sur un même emplacement, annoncent que, pendant la
» période romaine, cet emplacement fut habité, et le fut par
» des militaires ; que ce lieu habité, n'offrant aucune trace
» solide, la surface ne devait être couverte que de ces lé-
» gères constructions propres aux camps, et nommées par les
» anciens *Tentoria tabernacula.* Cette absence de construc-
» tions solides, la nature des antiquités découvertes, le voi-
» sinage du palais des Césars et de la voie romaine : tout con-

---

[1] Antiquités gauloises ou romaines recueillies dans le jardin du Sénat, 1807.

» court à prouver que cet emplacement était celui du camp
» romain [1]. »

En effet, la position de ce camp, telle que l'indique Dulaure, concorde parfaitement avec celle du palais dont il
parle, où ont résidé quelques empereurs pendant l'occupation romaine, notamment Julien et son épouse, sœur de
l'empereur Constance. Le camp devait être établi dans une
position telle, que le chef pût, à tous les moments, avoir à
sa disposition une force imposante pour faire respecter son
autorité : or, les restes du palais des Thermes, que l'on
suppose, avec quelque raison, avoir été construit vers la fin du
troisième siècle par Constance Chlore, qui séjourna pendant
quatorze années de paix dans les Gaules; ces restes considérables, dis-je, existent vers le milieu de la rue de la
Harpe, c'est-à-dire vers l'extrémité inférieure du coteau au
sommet duquel aboutit cette rue : les découvertes intéres-
santes décrites par Dulaure indiquent suffisamment que le
camp, placé de manière à protéger le palais des Césars, le
dominait, et occupait en grande partie le sommet du même
coteau, à l'endroit où existe aujourd'hui la partie orientale
du jardin du Luxembourg.

A la description des nombreux fragments antiques donnée
par Dulaure, j'ajouterai que moi-même, en 1836, alors que
je faisais pratiquer les fouilles nécessaires aux constructions additionnelles du palais de la chambre des Pairs, je
découvris deux figurines en pierre très-frustes, une assez
grande quantité de poteries romaines, des fragments nombreux d'amphores, de jattes en terre commune, de tuiles,
des coupes et soucoupes en terre rouge vernies, et recou-
vertes de bas-reliefs d'un goût délicat, des meules à bras, un
petit masque en cuivre, des boucles de ceinturon et quelques

____

[1] Dulaure, Histoire de Paris, tome I, page 150 et suivantes.

autres fragments. Pendant l'année 1838, en jetant les fondations de la nouvelle Orangerie, située à l'ouest du palais, je découvris encore, dans des terres rapportées, des fragments de tuiles et de stucs peints dont les couleurs avaient conservé un éclat assez vif ; enfin les ouvriers mirent à découvert une cachette formée par cinq briques romaines, et ayant pour couvercle une feuille d'argent très-mince et toute bosselée ; cette cachette renfermait sept cents médailles grand bronze, de Galba, Vespasien, Titus, Domitien, Nerva, Trajan, Hadrien, Sabine, Ælius César, Antonin le Pieux, Faustine mère, Verus, Lucille, Commode, Crispine, Didia Clara, Septime-Sévère, Julia Domna, Albin, Mæsa, Soæmias, Marc-Aurèle, Faustine jeune, Alexandre Sévère, Mammée.

Dans le même dépôt se trouvaient aussi deux cents petites médailles en argent qui avaient été probablement enveloppées de toile, car l'on apercevait encore sur l'oxyde, au moment où elles furent trouvées, des fragments d'un assez beau tissu presque consumé par le temps, et qui cependant avait conservé sa blancheur ; elles sont d'Auguste, Trajan, Hadrien, Antonin le Pieux, Septime-Sévère, Julia Domna, Caracalla, Géta, Plautille, Macrin, Élagabale, Alexandre-Sévère, Mammée, Maximin, Mæsa, Soæmias, Gordien, Philippe père, Otacile, Trajan Dèce, Etruscille, Trébonien Galle, et Volusien.

D'après les noms qui précèdent, on peut présumer que le dépôt de ces médailles, là où elles ont été découvertes en 1838, au milieu du dix-neuvième siècle, aurait eu lieu vers le troisième, environ 1500 ans avant l'époque où nous vivons, puisque les dernières monnaies, c'est-à-dire celles qui se rapprochent le plus de nos jours, sont de Trébonien Galle et de Volusien. Mais il est à remarquer que celles de bronze sont bien antérieures, puisque les plus anciennes sont de Galba (an 69 de J.-C.).

Telles sont les découvertes faites dans le sol du jardin du Luxembourg, aux différentes époques où il a été remué; j'ai pensé qu'elles offraient assez d'intérêt pour trouver place dans cet ouvrage.

HISTORIQUE

Rue de Tournon. — Ce nom, qu'elle portait déjà en 1541, lui a été donné en l'honneur du cardinal François Tournon, l'un des abbés de Saint-Germain-des-Prés. Elle commence au coin de la rue du Petit-Lion, et finit à la rue de Vaugirard, devant le palais du Luxembourg, auquel elle sert d'avenue principale. Ce n'était anciennement qu'une ruelle désignée, comme les rues qui lui sont parallèles, sous le nom général de *Ruelles de Saint-Sulpice;* elle fut aussi nommée Ruelle du champ de la foire, parce que ce champ où l'on vendait des animaux et qu'on nommait aussi le *Pré crotté,* occupait une grande partie de l'espace situé entre les rues de Tournon et Garancière [1]. Cette rue n'était pas complétement bâtie en 1580, car on trouve qu'à cette époque plusieurs particuliers y avaient obtenu des concessions de terrains, à la charge d'y faire construire des maisons. On y éleva successivement plu-

---

[1] Il est à remarquer qu'aujourd'hui encore ce marché aux animaux se tient le dimanche dans la rue Lobineau, près celle de Tournon.

3

sieurs hôtels assez importants : tel est celui de Concini, maréchal d'Ancre et favori de Marie de Médicis. Cet hôtel a été, sous la régence de cette princesse, le théâtre de désordres graves dont je dois dire quelques mots. Lors de l'arrestation du prince de Condé, qui eut lieu au Louvre le 1er septembre 1616 par suite des inquiétudes que donnait à la reine la faction soulevée contre son autorité, la princesse douairière de Condé avait en pleurant parcouru les rues de Paris, dans l'espoir de soulever le peuple en faveur de son fils; n'ayant pu y réussir, elle retourna dans son hôtel et tint conseil avec ceux qui lui étaient attachés, pour savoir quel parti il était à propos de prendre dans la circonstance. Les uns parlaient de s'armer, et d'aller droit au Louvre délivrer le prince de Condé; d'autres, plus prudents, représentaient que ni la bourgeoisie ni le peuple ne paraissant disposés à seconder ce mouvement, l'entreprise serait vaine; qu'ils seraient promptement repoussés par les troupes de la reine, et que le peuple se joindrait peut-être à ces troupes lorsqu'il les verrait les plus fortes. On trouva beaucoup plus habile d'essayer une seconde fois de soulever la populace en faisant piller l'hôtel de Concini, contre lequel s'élevait une réprobation presque générale. On se flattait d'ailleurs que l'espoir d'un riche butin serait, sur l'esprit du peuple, plus efficace que son amour pour le prince et ses frères. Cette odieuse machination ainsi arrêtée, quelques domestiques du prince de Condé vont le lendemain à la porte de Concini, la forcent, et, chose étrange, ils sont aidés dans leur coupable entreprise contre le favori de la reine-mère par les nombreux ouvriers que cette princesse employait alors à la construction de son palais du Luxembourg. La populace des environs se joint bientôt à eux; ils pénètrent dans l'hôtel, brisent tout ce qu'ils ne peuvent emporter, et les gens du maréchal sont forcés de fuir pour

n'être pas massacrés. A la nouvelle de ce désordre, la régente envoie sur les lieux Liancourt, gouverneur de Paris,
mais les gens du prince tirent sur les archers ; ceux-ci voyant
tomber mort un parent du chevalier du guet, prennent la
fuite, et la populace, enhardie par le succès, continue son
pillage avec encore plus d'acharnement. La nuit suspendit
les désordres, mais le lendemain la multitude recommença
ses excès, et ne trouvant plus à assouvir sa cupidité dans
la maison de Concini, elle courut à celle de son secrétaire,
Vincentio Ludovici, qui logeait près de lui, et ravagea complétement sa demeure. Ces furieux avaient été jusqu'à détruire le toit de la maison du maréchal et de celle de son
secrétaire. La perte seule des meubles de l'hôtel de Concini
fut évaluée à deux cent mille écus.

A la suite de cette émeute, qui n'eut cependant pas le
succès qu'en espérait la faction du prince de Condé, trois
compagnies du régiment des gardes étant enfin intervenues
pour rétablir l'ordre, les curés de Paris condamnèrent en
chaire les excès du peuple, et sommèrent ceux de leurs
paroissiens qui avaient pris part au pillage de rendre les
effets volés. Ils proposèrent, comme moyen de favoriser
les restitutions sans trop compromettre les coupables, de
promener dans les rues un chariot dans lequel chacun met-
trait ce qu'il avait pris. Ce moyen fut employé en effet, et
l'on recouvra, dit-on, une grande quantité de papiers et de
meubles précieux. L'Italienne Galigaï, femme du maréchal
d'Ancre, ayant représenté à Marie de Médicis qu'il s'en fallait beaucoup que la restitution égalât les pertes, reçut de
cette princesse trois cent soixante mille livres à titre de dé-
dommagement.

L'année suivante, après l'assassinat du maréchal d'Ancre
au Louvre, le 24 avril 1617, son hôtel fut pillé une seconde
fois par le peuple, et confisqué ensuite au profit du roi. Le

fils de l'infortuné Concini habitait une des chambres de l'hôtel, on lui enleva jusqu'à son lit. Ce malheureux enfant passa un jour et une nuit dans cette chambre ainsi dépouillée, où Vitry, l'un des assassins de son père, le fit garder par quelques soldats. Cependant Fiesque en ayant pris compassion, l'emmena en son logis au Louvre, après l'avoir caché dans le manteau de son laquais pour le soustraire à la fureur du peuple [1].

En 1630, Louis XIII voulant, dit-on, se rapprocher de la régente, à laquelle il rendait de fréquentes visites au palais du Luxembourg où elle était alors, vint loger dans le même hôtel. Jaillot, dans ses Recherches critiques sur Paris, laisse planer quelques doutes sur les véritables motifs de ce séjour. « Louis XIII, dit-il, y a logé quelque temps pour des rai- » sons particulières; on les colora du motif de la proximité » du palais du Luxembourg, que Marie de Médicis y avait » fait bâtir : il ne me convient ni de les approfondir ni de » les discuter. »

Depuis, cet hôtel a été affecté au logement des ambassadeurs extraordinaires, puis échangé contre celui de Pontchartrain; il devint propriété nationale en 1790. Sous la Restauration et pendant les Cent-Jours il a été habité par la duchesse douairière d'Orléans, et vendu, en 1815, par le domaine de l'État à la ville de Paris; elle y a établi une caserne occupée aujourd'hui par la garde municipale.

On voyait aussi dans la rue de Tournon les hôtels de Ventadour et de Brancas.

---

[1] Cet enfant était connu sous le titre de comte de Pène, nom d'une maison illustre d'Italie, dont Concini se prétendait issu. Quelques jours après la mort de son père, le comte de Pène, qui devait s'attendre à la plus brillante fortune, fut conduit au château de Nantes et y demeura cinq ans prisonnier; il y resta jusqu'en 1622, époque où la reine-mère, rentrée en grâce, obtint sa liberté à condition qu'il sortirait du royaume. Il se retira à Florence, et mourut de la peste en 1631.

Rue de Vaugirard. — Elle commence à la rue des Fossés-Monsieur-le-Prince, au coin de celle des Francs-Bourgeois, et finit à la barrière qui donne entrée au village de Vaugirard. Ce village connu dans les anciens titres sous le nom de *Valboitron* ou *Vauboitron,* le portait encore en 1256. Mais Gérard, abbé de Saint-Germain, l'ayant fait rebâtir et y ayant joint une chapelle et des bâtiments réguliers pour la communauté, il perdit son ancien nom pour prendre celui de l'abbé; on le nomma *Vaugérard,* et par corruption *Vaugirard.* La rue dont il s'agit s'appelait simplement chemin de Vaugirard, et les titres ne lui en donnent point d'autres jusqu'au seizième siècle, époque à laquelle les bâtiments qu'on y éleva lui firent donner le nom de rue.

Sauval prétend [1] que depuis 1543 on l'a nommée la rue des Vaches, et que, antérieurement à l'époque où Marie de Médicis fit bâtir le palais du Luxembourg, elle portait le nom de rue de la Verrerie, parce que des verriers étaient venus s'y établir. Jaillot conteste cette assertion.

En 1533, le duc de Piney-Luxembourg acquit un pavillon appelé *la ferme du bourg,* ainsi que plusieurs maisons et héritages situés dans cette rue ; on commença dès lors à lui donner le nom qu'elle a conservé. Dans un contrat de vente du 16 août 1659, elle est nommée Grande rue du Luxembourg, autrement de Vaugirard.

En 1615, la régente Marie de Médicis y fit élever le palais du Luxembourg, et quatorze ans plus tard, vers 1629, on construisit dans cette même rue l'hôtel du petit Luxembourg [2].

Le couvent des filles du Calvaire existait aussi dans la même rue; il était contigu à l'hôtel du petit Luxembourg.

---

[1] Tome I, page 166.

[2] Voir la description de cet hôtel.

Cet ordre religieux avait pris naissance à Poitiers, en 1617, par les soins de madame Antoinette d'Orléans-Longueville. Vers la même époque, le père Joseph Leclerc du Tremblai, si connu sous le ministère du cardinal de Richelieu, établit à Angers un couvent appartenant à cette congrégation. La reine Marie de Médicis, qui avait obtenu le gouvernement de cette ville, et qui s'y trouvait pendant les derniers temps de son premier exil, se déclara la fondatrice de cet établissement. Elle voulut en même temps procurer aux filles du Calvaire un asile à Paris, dans l'enceinte même du palais qu'elle faisait bâtir à cette époque. En conséquence six religieuses de l'ordre de Notre-Dame du Calvaire de Poitiers se rendirent à Paris vers la fin de l'année 1620. L'année suivante leur ordre, approuvé par une bulle de Grégoire XV en date du 22 mars, fut confirmé par lettres patentes au mois de juin suivant. Marie de Médicis passa en même temps avec ces religieuses un contrat de fondation, par lequel elle leur donna mille livres de rente et cinq arpents de terre situés rue de Vaugirard, à l'Ouest de son palais. Elles s'installèrent d'abord dans une maison dite de Beauregard, hors de la porte Saint-Michel; elles achetèrent ensuite rue de Vaugirard, une propriété dite de *Montherbu* et l'hôtel des Trois Rois.

Trois ans environ après leur installation dans le couvent, qui eut lieu le 28 juillet 1622, Marie de Médicis fit bâtir l'église que l'on voit encore attenant à l'hôtel du petit Luxembourg; la première pierre fut posée en son nom au mois de mai 1625, et cette église bénie par l'évêque de Lyon le jeudi-saint 1631. On doit également à la munificence de la régente le chœur, la tribune, le cloître et une chapelle intérieure de ce couvent. Il existait au-dessus de la porte principale de l'église une Notre-Dame-de-Pitié. Ce bas-relief qui, dit-on, n'était pas sans mérite, a été détruit pendant la première révolution ; il ne reste plus aujourd'hui qu'un groupe allégorique en pierre représentant le sacrifice du pélican : il est placé au sommet du fronton de la façade. L'intérieur était orné de quatre tableaux peints par Philippe de Champagne.

Les parties d'architecture que je viens d'indiquer comme ayant été construites par les soins de Marie de Médicis existent encore aujourd'hui, et servent de dépendance à l'hôtel du petit Luxembourg. Elles ne sont pas sans mérite ; l'architecture du petit cloître et de la chapelle intérieure, quoique altérée par le temps et par des mutilations sauvages, mérite l'attention des connaisseurs.

En 1790 le couvent fut supprimé, et plus tard les bâtiments occupés par un quartier de cavalerie dont les écuries étaient dans le chœur, l'église et les dépendances. Il avait encore cette destination en 1830. Au mois de février 1835 tous ces bâtiments ont été convertis en prison destinée aux détenus politiques accusés de crimes et de délits dont la connaissance est déférée à la Cour des Pairs.

Aujourd'hui, de tous les anciens bâtiments d'habitation destinés aux filles du Calvaire, il n'existe plus qu'un corps de logis perpendiculaire à la rue de Vaugirard connu sous le nom de prison Fieschi. Ceux qui longeaient la rue de Vaugirard à l'Ouest, ainsi que plusieurs autres constructions qui s'étendaient jusqu'à la porte d'entrée du jardin du Luxembourg en face de la rue du Pot-de-Fer, ont été, par les soins de l'administration de la Chambre des Pairs, complétement détruits au mois de novembre 1840 ; ils ont fait place, l'année suivante, à des parterres, et à une grille comprise entre l'ancienne église des Filles du Calvaire, et l'extrémité Ouest des jardins ouverts au public.

Avant la mise à exécution de cet important projet, la rue de Vaugirard, qui, depuis les boulevards jusqu'à la rue du

Pot-de-Fer, possédait déjà les avantages d'une belle et large voie de communication, se trouvait réduite, à mesure qu'elle se rapprochait du petit Luxembourg, aux plus étroites proportions. Aujourd'hui cette partie de la rue ne le cède point en largeur aux plus belles rues de la capitale.

Rue Notre-Dame-des-Champs. — Elle aboutit au Nord à la rue de Vaugirard, et au Sud à la rue d'Enfer, vers l'extrémité de l'allée de l'Observatoire. Aux quatorzième et quinzième siècles, ce n'était qu'une sorte de voie longeant parallèlement à l'Ouest une grande partie du grand clos des Chartreux, et qu'on nommait alors le chemin *Herbu*. Plus tard elle a pris, sans qu'on puisse en donner une explication satisfaisante, le nom de rue du *Barc;* on suppose qu'elle a pu avoir avec la petite rue du Bac une communication qui aurait été depuis supprimée. Le plan de Defer, publié en 1692, la désigne simplement sous le nom de rue Notre-Dame, il est le premier sur lequel se rencontre cette désignation; on trouve sur d'anciens plans qu'elle avoisinait un monticule appelé le *mont de Parnasse* ou de la *Fronde,* terrain où on se livrait à cet exercice. Ce monticule a donné son nom à la barrière et au village élevés sur l'emplacement où il existait jadis.

Rue des Francs-Bourgeois. — Elle fait suite à la rue des Fossés-Monsieur-le-Prince, et aboutit à la place Saint-Michel; on pense que ce nom lui vient de la *Confrérie aux bourgeois* qui existait sur le terrain où elle est située, et en faveur de laquelle Philippe-le-Hardi l'amortit. Peut-être aussi tire-t-elle son origine du *parloir et du clos aux bourgeois* (lieu d'assemblée des officiers municipaux) qui existait à côté de la *porte* Saint-Michel, à gauche en sortant de la ville. Le n° 49 de la rue Monsieur-le-Prince, laquelle précède la rue des Francs-Bourgeois, sert d'entrée particulière au collége Saint-Louis, élevé sur l'emplacement de l'ancien

collége d'Harcourt. Celui-ci avait été fondé en 1280 [1] par
Raoul d'Harcourt, chanoine de Paris, grand archidiacre
de Rouen, dans le but de procurer aux pauvres étudiants
de la Normandie les moyens d'étudier la théologie et les
arts. La réputation des professeurs et le grand nombre de
jeunes gens qui désiraient être admis dans ce collége, firent
penser aux moyens de l'agrandir. A cet effet, l'on fit l'acquisition des maisons voisines, qui appartenaient au collége
de Bayeux, et de l'hôtel des évêques d'Auxerre contigu à la
porte d'Enfer et aux murs de la ville. Cet espace fut augmenté en 1646 par le don que Louis XIII fit au collége d'une
place, de l'emplacement d'une tour, du mur de rempart, du
fossé et de la contrescarpe, ainsi que des matériaux de dé-
molition de ces murailles.

On voit encore rue des Francs-Bourgeois dans quelques-
unes des cours attenant au collége actuel, des restes de la
muraille dont il vient d'être question ; mais ces restes de
l'enceinte de Paris, construite par Philippe-Auguste, sont
beaucoup plus considérables et bien mieux conservés dans
les jardins de la rue Saint-Hyacinthe, faisant suite à la place
Saint-Michel, notamment au n° 15 de cette rue.

PLACE SAINT-MICHEL. — Elle est située entre les rues des
Francs-Bourgeois et d'Enfer sur l'emplacement de l'une
des principales portes de l'enceinte de Philippe-Auguste.
Dans quelques actes du quatorzième siècle elle est nommée
Gilbert ou Gibert. On croit que c'est une altération du mot
Gibart. C'est ainsi que l'on nommait le terrain où est au-
jourd'hui la place Saint-Michel, et cette désignation avait
été étendue à un pressoir situé dans la rue d'Enfer. En 1613,
Marie de Médicis, lorsqu'elle fit l'acquisition des terrains
nécessaires à l'établissement du palais du Luxembourg, y

---

[1] Histoire universelle. Paris. Tome III, page 450.

comprit celui de ce pressoir, qui alors portait le nom de *ferme*
ou *pressoir de l'Hôtel-Dieu.*

Au commencement du quatorzième siècle, la porte ou
place dont il s'agit s'appela porte d'Enfer. Ce nom lui avait
été donné, suivant quelques auteurs, à cause de sa communication directe avec le chemin qui conduisait au château
de Vauvert, habité, disait-on, par des démons. Jaillot et
Sauval ne sont pas d'accord sur l'origine de cette désignation. Le premier prétend que le nom de porte d'Enfer
n'est qu'une altération de celui de *porte de fer,* qui lui
avait été donné, parce que la ferrure qui la garnissait
était probablement plus considérable qu'aux autres portes
de même destination. Le second[1] prétend que dans les Gestes
des évêques d'Auxerre, elle est appelée : *porta quæ anti-*
quitus solebat nominari d'Enferto. Jaillot affirme qu'il faut au
contraire lire *de ferto.* Si on s'en rapportait aux Statuts du
collège de Narbonne, du 16 août 1379, dans lesquels il est
dit que ce collège est situé *in vico Citharæ inter portam ferri*
et palatia Thermarum, cette opinion semblerait devoir être
acceptée. Mais l'opinion de Sauval pourrait être soutenue
avec le même avantage, puisque dans l'acte de fondation du
collège d'Harcourt, fait par Robert d'Harcourt le 9 septembre
1311[2], cette porte est nommée *porta Inferni.*

A la gauche de cette issue, et en sortant de la ville pour
gagner la rue d'Enfer, ouverte sur l'ancienne voie antique
de Vanves et d'Issy, l'on trouvait le parloir aux Bourgeois.
Enfin, dans les dernières années du quatorzième siècle, le
11 janvier 1394, la reine Isabelle de Bavière étant accouchée d'une fille, Charles VI avait fait donner à cette enfant
le nom de Michelle par dévotion pour le saint archange

---

[1] Tome I, page 36.
[2] Dubreul, page 637.

que ses prédécesseurs et lui-même avaient choisi pour patron
du royaume ; la même année, il fit exécuter des réparations
considérables à la porte d'Enfer, et voulut en même temps
qu'elle prît le nom de porte Saint-Michel [1] ; elle l'a conservé
jusqu'en 1684, époque à laquelle elle fut démolie.

RUE D'ENFER. — Elle part de la place Saint-Michel et
aboutit à la grande route d'Orléans. Cette rue s'est élevée
sur une partie de l'ancienne voie romaine conduisant par
Vanves et Issy, à Orléans. Au treizième siècle, elle était
désignée sous le nom de chemin d'Issy et de Vanves ; on
l'appelait aussi chemin de Vauvert (nom du château auquel elle servait de communication) ou rue de la porte
Gibard. Elle a encore porté d'autres noms qu'il est inutile
de rappeler ici. Elle doit sa désignation actuelle, suivant
les uns, au voisinage du château de Vauvert, suivant les
autres, à sa situation par rapport à la rue du faubourg
Saint-Jacques ; cette rue, qui lui est parallèle et dont le sol
est plus élevé, ayant reçu le nom de *via Superior,* l'autre se
serait appelée *via Inferior, via Infera.* Ce mot aurait été altéré et changé en celui d'Enfer [2]. Cette explication paraît
forcée et peu satisfaisante. Il me semble plus naturel de
penser qu'après avoir fort souvent changé de nom, elle a
pris définitivement celui de la porte de la ville à laquelle elle
faisait suite, et qu'elle l'a conservé, même après que cette
porte eut reçu le nom de Saint-Michel.

Le fameux couvent des Chartreux, établi à Paris au
treizième siècle et supprimé en 1790, avait son entrée rue
d'Enfer, au n° 46. Cette porte, l'avenue qui y fait suite et
le bâtiment qui le termine sont aujourd'hui les seuls restes
de ce couvent ; elle sert d'entrée au Jardin botanique de la

[1] Juvénal des Ursins, Histoire de Charles VI, page 108.
[2] Piganiol, tome VII, page 208.

Faculté de médecine, établi sur l'ancien enclos des Chartreux [1]. Aujourd'hui le seul grand établissement digne d'une
attention sérieuse, que l'on trouve dans la rue d'Enfer, est
l'École des Mines, dont le cardinal de Fleury avait conçu
le projet. Il fut mis à exécution en vertu d'un arrêté du
conseil du 19 mars 1783. Les galeries de cet établissement
renferment une des plus curieuses et des plus complètes
collections de minéralogie qui existent en Europe. L'École
des Mines a reçu, depuis quelques années, les plus heureux
accroissements ; aujourd'hui, par la grandeur et l'élégance
de ses nouvelles constructions, elle est devenue un des monuments les plus précieux que renferme Paris.

[1] Voir la description de ce couvent.

LE PALAIS

DU

LUXEMBOURG.

PLAN GÉNÉRAL
comprenant le Monastère des Chartreux.

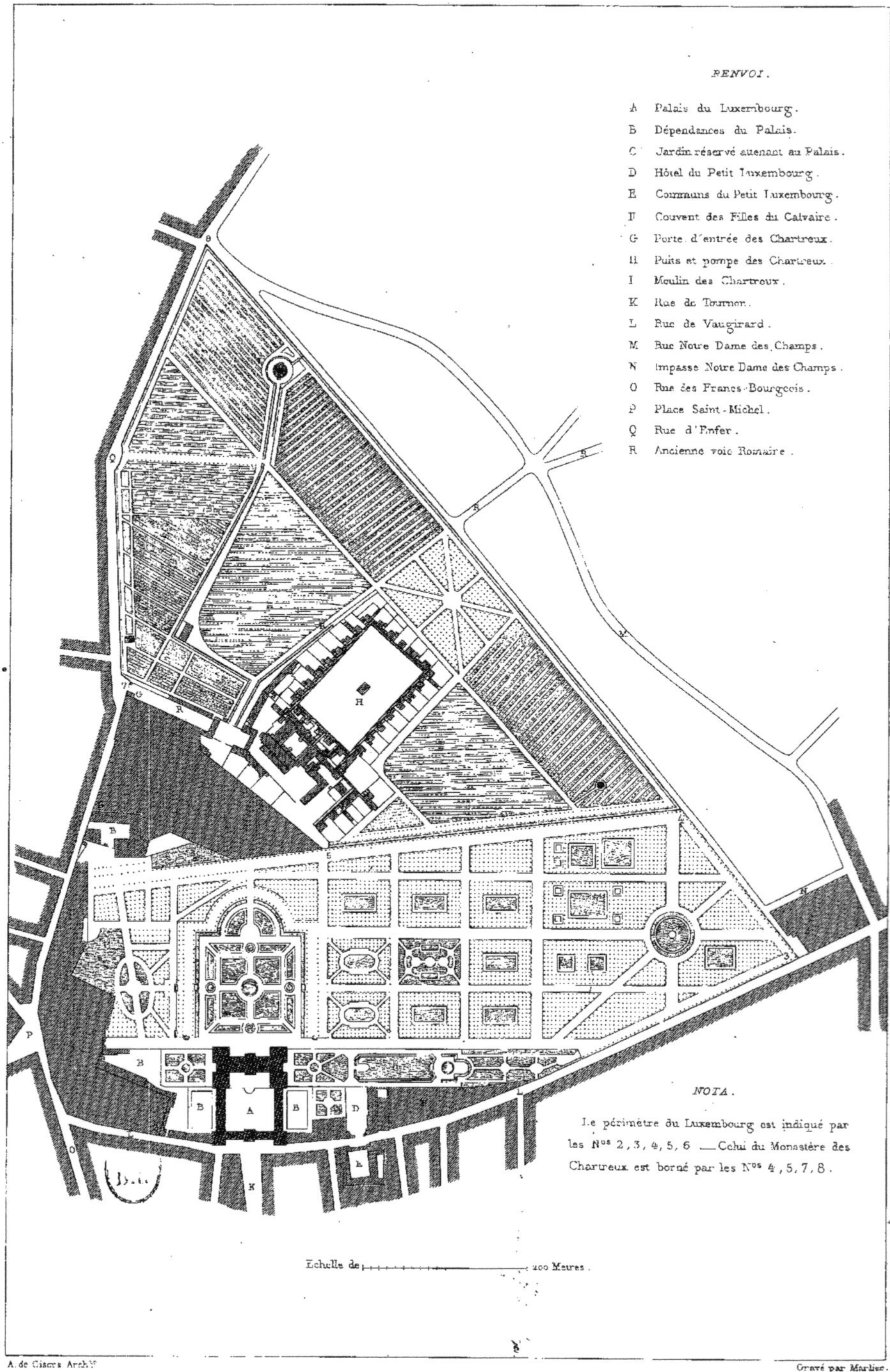

RENVOI.

A   Palais du Luxembourg.
B   Dépendances du Palais.
C   Jardin réservé attenant au Palais.
D   Hôtel du Petit Luxembourg.
E   Communs du Petit Luxembourg.
F   Couvent des Filles du Calvaire.
G   Porte d'entrée des Chartreux.
H   Puits et pompe des Chartreux.
I   Moulin des Chartreux.
K   Rue de Tournon.
L   Rue de Vaugirard.
M   Rue Notre Dame des Champs.
N   Impasse Notre Dame des Champs.
O   Rue des Francs-Bourgeois.
P   Place Saint-Michel.
Q   Rue d'Enfer.
R   Ancienne voie Romaine.

NOTA.

Le périmètre du Luxembourg est indiqué par
les Nos 2, 3, 4, 5, 6 — Celui du Monastère des
Chartreux est borné par les Nos 4, 5, 7, 8.

Echelle de   200 Mètres.

A. de Gisors Arch.t   Gravé par Marliex.

LE PALAIS DU LUXEMBOURG
SOUS LA RÉGENCE DE MARIE DE MÉDICIS.

PLAN DU REZ DE CHAUSSÉE.

Côté du Jardin.

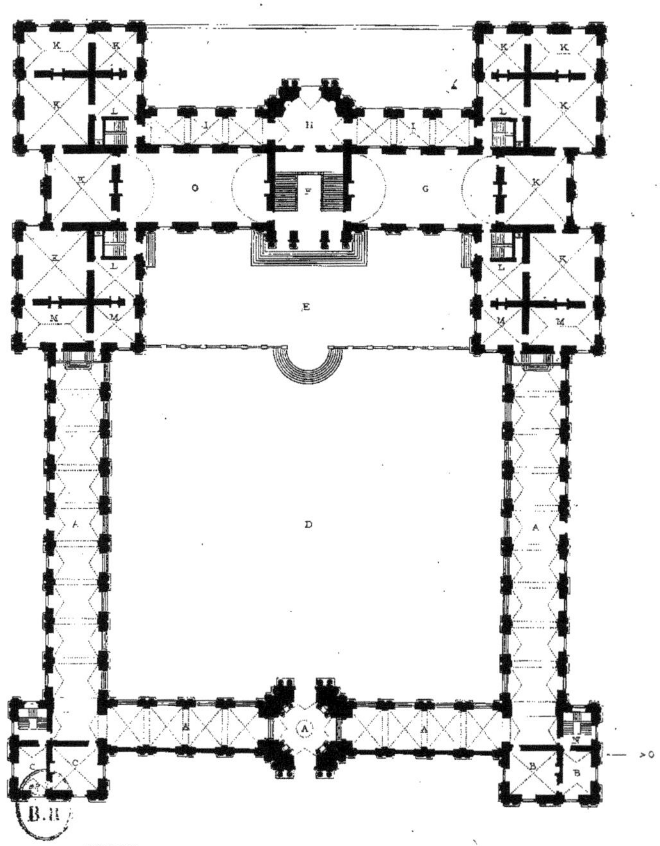

A   Porche et Galeries d'entrée.
B   Logement du Suisse &c.
C   Corps de garde, Officiers &c.
D   Première Cour du Palais.
E   Seconde Cour d'honneur.
F   Vestibule et Escalier d'honneur.
G   Grandes Salles des gardes.

H   Vestibule ouvert sur les jardins.
I   Portiques à jour sur les jardins.
K   Services généraux du Palais.
L   Petits Escaliers de service.
M   Entrées partic.les par les portiques.
N   Escalier de la Galerie de Rubens.
O   Cuisines et Offices attenant le Palais.

Echelle de |₁₁₁₁₁₁₁₁₁₁₁₁₁|＿＿＿＿| 40 Mètres.

LE PALAIS DU LUXEMBOURG
SOUS LA RÉGENCE DE MARIE DE MÉDICIS.

A. de Gisors. Arch.te

Gravé par Marlier.

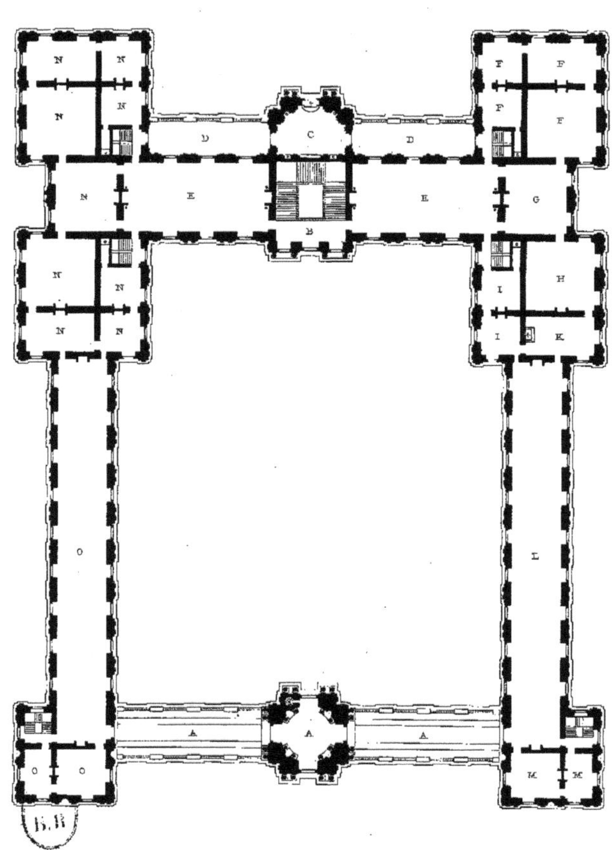

LE PALAIS DU LUXEMBOURG

SOUS LA RÉGENCE DE MARIE DE MÉDICIS.

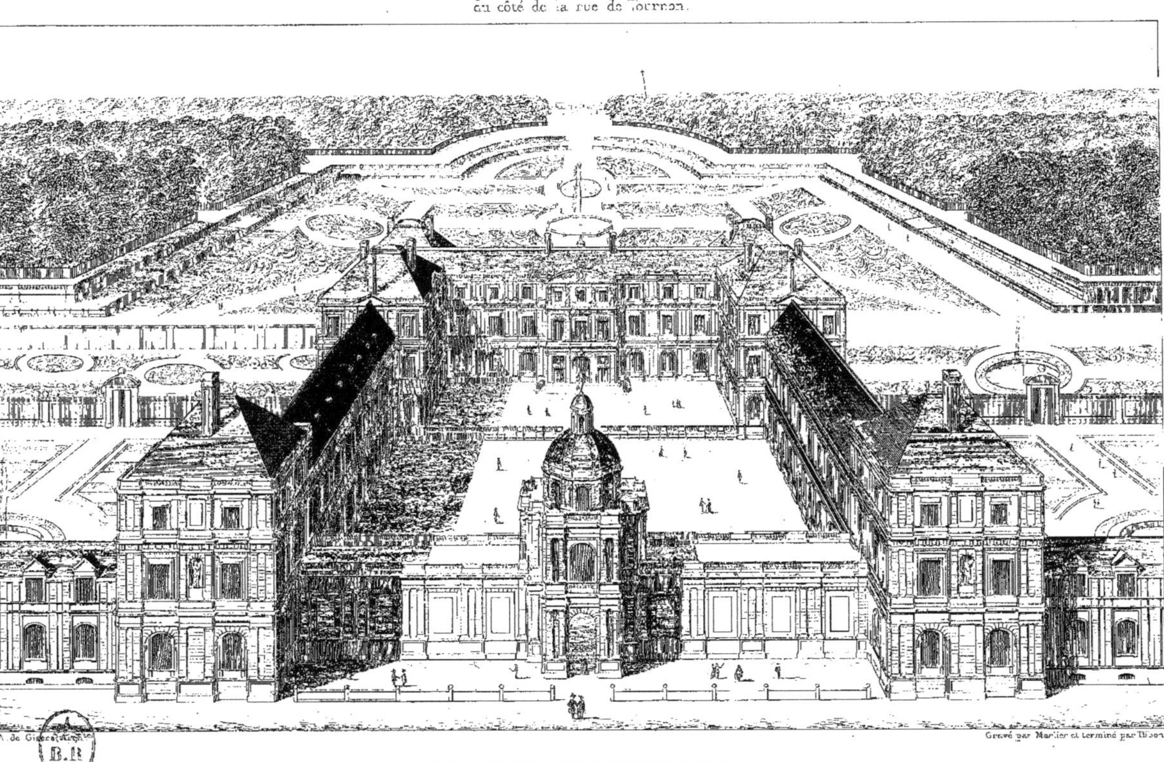

VUE GÉNÉRALE DU PALAIS

du côté de la rue de Tournon.

LE PALAIS DU LUXEMBOURG

SOUS LA RÉGENCE DE MARIE DE MÉDICIS.

VUE GÉNÉRALE DU PALAIS

du côté du Jardin.

LE PALAIS DU LUXEMBOURG

SOUS LA RÉGENCE DE MARIE DE MÉDICIS.

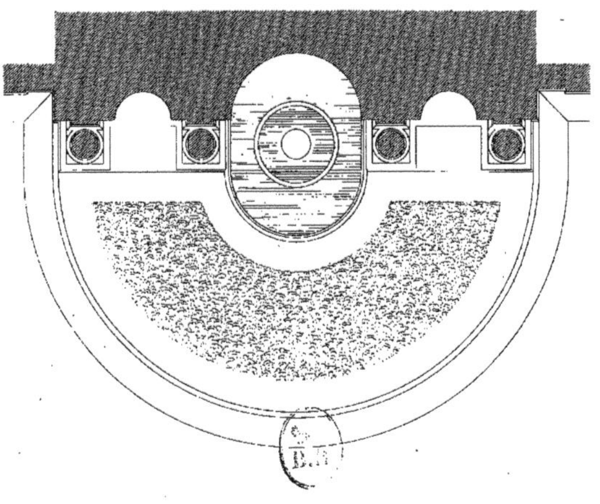

LE PALAIS DU LUXEMBOURG
SOUS LA RÉGENCE DE MARIE DE MÉDICIS.

LE PALAIS

DU

LUXEMBOURG.

CHAPITRE PREMIER.

ORIGINE DU PALAIS ET DES JARDINS. — ÉTAT PRIMITIF.

Marie de Médicis, à qui l'on doit ce palais, l'un des plus
beaux, et, sans contredit, le plus complet de ceux qui existent dans la capitale, était fille de François II, grand-duc
de Toscane, et de la grande-duchesse Jeanne d'Autriche ;
elle était née le 26 avril 1573, et avait vingt-sept ans lorsqu'elle fut mariée à Henri IV, au mois d'octobre de l'année
1600 [1] ; celui-ci en avait alors quarante-sept. Peu de jours
avant les massacres de la Saint-Barthélemy, et lorsqu'il
n'était encore que roi de Navarre, il avait épousé Marguerite de Valois, sœur de Charles IX ; mais séparé d'elle
depuis longtemps, et n'en ayant pas d'enfants, il avait, en

---

[1] Le contrat, signé *Maria di Medici prometto come sopra, Ferdinando, gran
duca di Toscana, A. Brulart*, se trouve dans les manuscrits de Béthune, n° 9485 ;
il fut passé à Florence, au palais Pitti, le 25 avril de l'année 1600, et la célébration
eut lieu dans cette ville le 5 octobre de la même année. C'est à Lyon, le 9 décembre suivant, que se réunirent ensuite Henri IV et Marie de Médicis.

1599, sur les remontrances du parlement et d'après le conseil de ses ministres, négocié et obtenu son divorce sous prétexte de parenté [1].

Neuf ans après son second mariage, Henri IV, se rendant en voiture à l'Arsenal, pour visiter Sully, fut assassiné par Ravaillac le 14 mai 1610 [2]. Quelques heures seulement après le meurtre du roi, sa veuve, puissamment secondée par le crédit et les démarches habiles du duc d'Épernon, fut déclarée régente par le parlement, et son fils reconnu roi. La cérémonie eut lieu dans une des salles du couvent des Grands-Augustins [3]. Au moment de la mort de Henri IV, son fils et successeur, Louis XIII, avait neuf ans; il était né à Fontainebleau le 27 septembre 1601.

C'est environ deux ans après l'assassinat de Henri IV que Marie de Médicis, régente, forma le projet de construire un palais plus commode que le Louvre, qu'elle habitait alors.

Vers le milieu du seizième siècle, Robert de Harlay de

---

[1] Marguerite de Valois s'était d'abord refusée au divorce, dans la crainte d'être remplacée par la maîtresse du Roi, Gabrielle d'Estrées, duchesse de Beaufort, à qui ce prince avait donné une promesse de mariage; mais celle-ci étant morte la même année, 1599, la reine Marguerite se soumit alors à ce qu'on exigeait d'elle, et passa à Usson en Auvergne, un acte daté du 4 février 1599, par lequel elle consentait à la dissolution de son mariage. Il existe d'elle plusieurs lettres originales, adressées tant à Henri IV qu'à ses ministres, concernant son divorce.

[2] Voir le procès de Ravaillac et le détail de son supplice dans le VIe volume des Mémoires de Condé, pages 201 et suivantes.

[3] Ces religieux jouissaient de plusieurs priviléges extraordinaires; ils portaient le titre de *chapelains du Roi*. Leur église fut choisie par Henri III pour la cérémonie de l'institution de l'ordre du Saint-Esprit, le 1er janvier 1579. Ce prince y reçut celui de la Jarretière, le 1er février 1585, et y établit sa confrérie des Pénitents. Le parlement choisit ce couvent pour la procession générale qui se faisait chaque année, le 22 mars, en l'honneur de la réduction de Paris sous l'obéissance d'Henri IV, à pareil jour en 1594. Le clergé de France tenait des assemblées dans ce lieu, et, en différentes occasions, le parlement, la Chambre des comptes, le Châtelet et les commissaires du Conseil y ont eu leurs séances.

Sancy avait fait bâtir, sur l'emplacement où est aujourd'hui le palais de la Chambre des Pairs, une grande maison avec des jardins. Un arrêt de la Cour des aides, de 1564, l'adjuge à une demoiselle Jacqueline de Marainvilliers, veuve de Robert de Harlay, et qualifie cette habitation d'*Hostel bâti de neuf*. Le duc de Piney-Luxembourg en devint ensuite l'acquéreur, et, en 1583, il augmenta les jardins de plusieurs pièces de terre contiguës.

Tel était l'état de cette propriété lorsque Marie de Médicis l'acheta en 1612. Le contrat de vente, qui est du 2 avril de la même année, dit : « Que cet hostel consiste en trois corps » d'hostels, cours devant et aussi cours et jardin derrière.... » tenant d'un costé aux héritiers et bien tenans de feu maître » Pellerin, vivant lecteur du roy.... Item, le pavillon de la » ferme appelée la ferme du Bourg, avec ses appartenances » et dépendances, tenant d'un costé au sieur de Montherbu, » d'autre aux terres naguères acquises par ledict seigneur » vendeur. Aboutissant par devant sur ladite rue de Vaugi- » rard et par derrière audict parc.... Item le parc dudict » hostel tenant d'une part à messieurs les Chartreux, et à la » ferme de l'Hostel-Dieu de Paris, etc.... Item, une autre » petite maison scize devant ledict hostel de Luxembourg » avecques le jardin d'ycelle maison joignant d'un costé à » la maison de M. Duhamel, aboutissant des deux autres » costez sur les rues de Vaugirard et de Garancière, et » d'autre sur la rue du Fer à Cheval et aultres. Item trois » arpens quarante deux perches et demye en hache, atte- » nant la muraille dicte du parc hors l'enclos d'ycelluy, » tenant d'ung bout à une nommée Laguignarde, d'autre à » la muraille du parc desdicts Chartreux aboutissant parde- » vant sur ladicte rue de Vaugirard.... Item, sept quartiez » de terre, et une pièce en ce meyme lieu, etc.... Item, de » cinq quartiez de terre et une pièce aussi assize audict

» lieu, etc. , etc. » La totalité fut vendue quatre-vingt-dix mille livres tournois.

L'année suivante, la régente l'augmenta considérablement par de nouvelles acquisitions et par des échanges ; elle y ajouta la ferme ou pressoir de l'Hôtel-Dieu [1], contenant sept arpents environ ; vingt-cinq autres arpents de terre *au lieu dict le Boulevard ;* deux jardins appartenant au nommé Antoine Arnaud, lesquels contenaient deux mille quatre cents toises de superficie, et plusieurs autres terrains du clos Vignerei, propriétés de divers particuliers ou des Chartreux. Ceux-ci furent largement indemnisés par des terres que la régente leur donna en échange au delà du chemin conduisant à Issy. Dans son ouvrage sur les antiquités de Paris, Malingre dit, en parlant des terrains du Palais, que, pour en augmenter la surface, « on a pris partie » du grand cloistre des Chartreux avec la place de leur » moulin à vent : ce qu'on a remplacé de trois fois autant » de terres, qui vont depuis la porte du monastère iusques au » deuant du monastère des Carmélites du faubourg Saint- » Jacques, et le long de la rue d'Enfer [2]. » C'est à la même époque, et par suite de cet échange, que les Chartreux renfermèrent dans leur enclos l'ancienne voie romaine qui se dirigeait sur le village d'Issy ; dès lors, pour arriver à ce village, il fallut faire un détour assez considérable à l'Est.

Enfin, en 1615, Marie de Médicis, après avoir renversé toutes les bâtisses existant sur l'ensemble des terrains dont elle venait de faire l'acquisition, y fit commencer, par Jacques de Brosse, les constructions du bel édifice que nous voyons aujourd'hui [3]. Il devait, dans l'origine, porter le nom

---

[1] A l'Est du palais du côté de la rue d'Enfer.

[2] Antiquités de la Ville de Paris, livre II, page 402.

[3] On ignore le lieu, la date de la naissance et de la mort de cet architecte célèbre. Les principaux édifices qu'il a élevés dans la capitale de la France sont : le

de *palais de la Reine Douairière*[1]. Les travaux, poussés avec
activité, furent, en grande partie, achevés en 1620, et le
palais put être habité dès cette époque. Dans l'étude de la
décoration extérieure, de Brosse s'appliqua, par ordre de la
régente, à prendre pour type l'architecture du palais Pitti
à Florence, dans lequel Marie était née[2]; mais il n'est pas
vrai, malgré l'opinion généralement accréditée, que l'un de
ces édifices ait été la copie de l'autre. En effet, le plan
général des deux palais, l'ensemble des élévations, la décoration et la distribution, offrent fort peu de ressemblance.

« De Brosse, sur qui était-tombé le choix de la reine, ne
» négligea rien pour la satisfaire. Il fit plusieurs projets.
» Celui qu'elle préféra fut envoyé par ses ordres en Italie,
» et dans d'autres pays encore, aux architectes le plus
» en crédit, pour recueillir leurs observations. Il paraît
» qu'il obtint les plus honorables suffrages. Bernin, qui vit
» le bâtiment terminé lors de son voyage à Paris, conve-
» nait qu'il n'y avait nulle part de palais mieux bâti ni plus
» régulier[3]. »

Les éloges donnés au projet de de Brosse étaient mérités.
Le palais du Luxembourg est, sans contredit, un des plus
beaux qui existent; son architecture extérieure porte un
remarquable caractère de grandeur et de force imposante,
elle est en même temps d'une richesse vraiment royale.
Dans l'origine, c'est-à-dire, avant les additions nécessitées

Palais du Luxembourg, le portail de Saint-Gervais, la grande salle des Pas-Perdus
du Palais de Justice, et l'aqueduc d'Arcueil.

[1] Histoire de la Mère et du Fils, tome III, pages 237 et 238. Mercure français,
tome III, pages 296 et suivantes.

[2] Après la mort de son propriétaire, le palais Pitti était devenu le séjour ha-
bituel des grands-ducs de Toscane.

[3] *Quatremère de Quincy*, Biographie des plus célèbres architectes, tome II,
page 144.

successivement par les nouvelles destinations de l'édifice, la masse du plan général formait un parallélogramme presque exact et symétrique, dont la plus grande dimension était, latéralement, de cent dix-huit mètres, et de quatre-vingt-dix mètres du côté des façades principales.

La décoration architecturale du palais, soit du côté de la rue qui y aboutit, soit dans la grande cour, était extérieurement, sauf quelques légères modifications, telle qu'on la voit encore aujourd'hui, mais au fond de la cour actuelle, entre les deux pavillons saillants, il existait, du côté de la ville, une seconde cour d'honneur comme celle que l'on remarque au palais de Versailles; c'était une terrasse élevée d'environ un mètre au-dessus du sol extérieur du palais. On y montait par un perron demi-circulaire. Elle était séparée de la cour principale par une balustrade à jour en marbre blanc, avec des piédestaux ornés de statues qui furent, dit-on, vendues avec les meubles de Marie de Médicis, lorsque les mauvais traitements du cardinal de Richelieu obligèrent cette princesse à quitter définitivement la France. Au fond de la cour d'honneur on arrivait à l'escalier principal par les trois portes qui existent encore aujourd'hui, et dont la partie supérieure était décorée par les bustes de Henri IV, de la reine Marie de Médicis et du roi Louis XIII leur fils.

Les façades latérales, à l'Est et à l'Ouest, se composaient chacune d'un pavillon d'angle sur la rue, d'une galerie, et d'un corps de bâtiment principal divisé en deux pavillons par un petit arrière-corps. Les constructions ajoutées au palais de 1836 à 1840, et dont je parlerai plus loin, ont de ce côté augmenté les façades latérales d'un second arrière-corps et d'un troisième pavillon, mais l'ancienne décoration architecturale a été respectée.

La façade, au Sud, du côté des jardins, avait, comme

aujourd'hui, deux corps de bâtiments saillants à ses extrémités, et un arrière-corps, au centre duquel se trouvait un
petit pavillon surmonté d'un dôme, mais le portique ouvert
dans l'arrière-corps ne s'élevait que d'un rez-de-chaussée
terminé par une terrasse. Il est aujourd'hui surmonté d'un
étage. Tous les rampants des frontons des façades étaient
décorés de statues couchées qui n'existent plus. Ces statues
présentaient entre elles un mélange assez bizarre : celles
qui étaient couchées sur le fronton circulaire, au-dessous du
dôme couvrant la chapelle, représentaient des sujets religieux empruntés au culte catholique, tandis que celles des
frontons triangulaires des grands pavillons en avant-corps,
appartenaient à la mythologie, et les métopes de l'ordre
dorique, aux attributs du paganisme que l'on voit encore
aujourd'hui.

Blondel, dans son ouvrage sur l'architecture française,
remarque avec raison que cette confusion n'est pas excu-
sable. Au reste, ce mélange du sacré et du profane n'est pas
sans exemple, surtout au commencement de la renaissance ;
on voit encore dans le chœur de la cathédrale de Limoges
de charmants bas-reliefs représentant les travaux d'Hercule,
ils datent du règne de Louis XII ou de François Ier.

A l'intérieur, le rez-de-chaussée était composé de grandes
galeries ouvertes et de salles entièrement voûtées, réservées
pour les différents services généraux du palais.

Le premier étage renfermait les appartements de réception et d'habitation de Marie de Médicis. Cette princesse,
née et élevée dans une des plus belles parties de l'Italie,
avait tous les goûts de son pays; douée d'une imagination
vive et ardente, elle aimait et protégeait les arts; aussi
voulut-elle que la décoration intérieure du palais fût digne
de l'édifice. Elle forma une galerie de peinture à la suite de
ses appartements, qui occupaient, à l'Ouest du palais, les

pavillons principaux [1]. Les peintures de cette galerie, composée de vingt-quatre tableaux représentant l'histoire allégorique de Marie de Médicis, furent exécutés par Rubens, qu'elle avait appelé à Paris à la fin de 1620. La galerie [2] était éclairée par des fenêtres ayant vue d'un côté sur la cour, et de l'autre sur les jardins; les tableaux occupaient les trumeaux existant entre chaque fenêtre et les extrémités de la galerie; l'une d'elle était décorée par une cheminée monumentale et par deux portes, au-dessus desquelles se trouvaient les portraits de la reine Marie de Médicis debout, sous la figure de Pallas, du grand-duc François de Médicis et de la grande-duchesse Jeanne d'Autriche [3]. La voûte était richement ornée de caissons et de peintures représentant les douze signes du zodiaque, par Jacques Jordaens, élève et ami de Rubens. A la fin du dernier siècle, la construction de la seconde galerie située à l'Ouest, où est actuellement le Musée, était encore inachevée. La Reine avait, dit-on, le dessein d'y établir une seconde collection de tableaux représentant l'histoire allégorique de son fils Louis XIII, mais les discordes politiques et l'exil de cette princesse la forcèrent de renoncer à ce projet.

La description suivante, extraite d'un ouvrage écrit en 1640 [4], c'est-à-dire vingt années seulement après la construction du palais, donne sur la disposition et la décoration primitive des détails d'autant plus intéressants qu'ils font connaître d'une manière précise l'emplacement autrefois

---

[1] Les appartements de la Reine occupaient la partie du palais où sont aujourd'hui la salle des Gardes, le salon d'Hercule, celui du Silence, etc. L'ancienne salle des Gardes occupait l'emplacement où est aujourd'hui la salle des Conférences.

[2] Elle existait sur l'emplacement où ont été construits le grand escalier d'honneur et quelques petites pièces réservées au musée.

[3] Tous ces tableaux sont aujourd'hui au musée royal du Louvre.

[4] *Malingre*. Antiquités de Paris, 1640. Livre II, page 401.

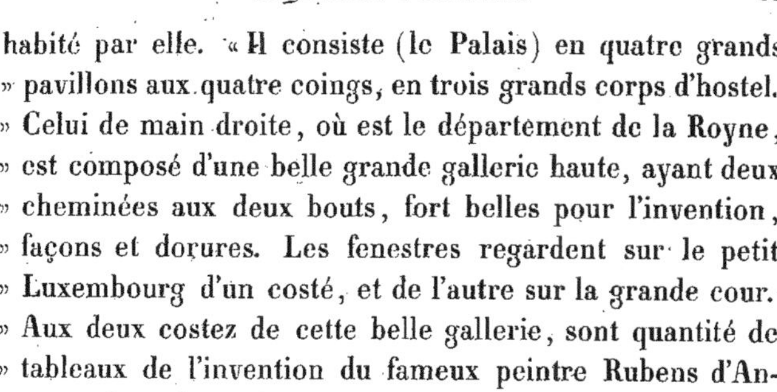

habité par elle. « Il consiste (le Palais) en quatre grands
» pavillons aux quatre coings, en trois grands corps d'hostel.
» Celui de main droite, où est le département de la Royne,
» est composé d'une belle grande gallerie haute, ayant deux
» cheminées aux deux bouts, fort belles pour l'invention,
» façons et dorures. Les fenestres regardent sur le petit
» Luxembourg d'un costé, et de l'autre sur la grande cour.
» Aux deux costez de cette belle gallerie, sont quantité de
» tableaux de l'invention du fameux peintre Rubens d'An-
» vers, dans lesquels est représentée toute la vie de la
» Royne depuis sa naissance.

» Avant d'entrer à cette gallerie, est la chapelle de la
» Royne, avec ses lambris dorez et l'autel de mesme, de
» très belles menuiseries en feuillage dorez, et au fond un
» fort riche tableau.

» De ce même costé et département est la chambre de
» la Royne, belle, grande et carrée, enrichie d'une che-
» minée admirable pour son ouvrage et dorure, garnie de
» deux gros chenets d'argent. En cette chambre se void la
» place du lict enfermé de balustres dont les pilliers sont
» d'argent.

» De cette chambre on entre au cabinet, le plus riche
» qu'il se puisse voir. Le plancher est fait de marquetterie
» de bois, la cheminée d'un ouvrage très-rare et tout doré,
» le lambris fait de pièces de menuiserie de rapport doré,
» les vitres de fin cristal, et au lieu de plomb pour les lier,
» la liaison est toute d'argent. Ce département est dans le
» pavillon d'en haut (au premier) à main droicte, entrant au
» dict hostel. Au-dessous de cette allée sont les salles au
» nombre de trois, la grande sous ce pavillon, les deux
» autres sous la belle galerie et le pavillon de droicte qui
» regarde le fauxbourg.

» Le département de main gauche qui regarde le faux-

» bourg d'un costé et de l'autre le jardin, est composé de
» deux grands pavillons, entre lesquels est une belle et
» longue gallerie de mesme façon et ouvrage que celle du
» costé droict en laquelle en divers tableaux se doit voir la
» vie du Roy Louis XIII, ses victoires et triomphes, mais
» ce costé-là n'est pas encores parachevé.

» La face d'enhaut (au premier) dudict hostel qui regarde
» le iardin et la grande cour est composée de quatre grandes
» salles, deux en haut et deux en bas. Au milieu est un ma-
» gnifique escalier en forme ronde et en coquille, couvert
» de tous costez, et on peut voir la cime d'iceluy qui ab-
» boutit à une forme de dôme à l'italienne, ainsi que celuy
» des Thuileries. Au dehors, aux coings de ce dôme, sont
» de fort belles colomnes de marbre et de bronze, et de
» très-excellentes statues.

» L'entrée dudict hostel qui regarde la rue de Tournon est
» composée d'une haute allée (la terrasse au premier) qui
» va depuis le pavillon iusques au donjon du portail du
» costé droict, et une autre pareille au costé gauche, laquelle
» allée est toute embellie de ballustres des deux costez. Au
» dedans, sous ces allées, sont d'autres allées en arcades.
» Ce donjon fait en rond et enrichy de belles colomnes et
» statues de marbre, et la ceinture toute dorée, comme
» toutes les autres ceintures des trois autres corps d'hostel,
» et le haut d'iceux tout dorez. »

On voit, d'après l'extrait qui précède, quelle devait être la
magnificence d'un palais où le luxe de la décoration et des
objets d'art de tout genre avaient été richement prodigués;
ainsi la beauté des appartements, dont il ne reste malheureusement rien aujourd'hui, n'était point au-dessous de l'architecture intérieure qu'un heureux hasard a laissée à peu
près intacte jusqu'à nos jours.

Les jardins, dessinés également par Jacques de Brosse,

furent commencés en 1613, deux années avant le palais.
« Marie de Médicis, dit le cardinal de Richelieu dans ses
» Mémoires[1], achète l'hôtel de Luxembourg au faubourg
» Saint-Germain et plusieurs jardins et maisons voisines
» pour y commencer un superbe palais, duquel, par avance,
» elle commença à faire planter les arbres des jardins, qui,
» ne venant à leur croissance qu'avec le temps qui leur est
» limité par la nature, sont ordinairement devancés par les
» bâtiments, le temps de l'accomplissement desquels est
» mesuré à la dépense, et hâté, selon la magnificence et
» la richesse de celui qui les entreprend. » Ces jardins allaient en largeur bien au delà des limites actuelles et se
prolongeaient à l'Ouest, parallèlement à la rue de Vaugirard, jusqu'à l'impasse Notre-Dame-des-Champs[2]. A l'Est,
les anciennes limites étaient à peu près telles qu'elles existent encore aujourd'hui, c'est-à-dire que ces jardins étaient
terminés par la rue d'Enfer. Au Sud, ils s'étendaient jusqu'au
couvent des Chartreux.

La magnificence des jardins répondait à celle du palais.
Le parterre, plus large, mais bien moins profond que celui
d'aujourd'hui, était bordé de chaque côté par des plates-
bandes ornées de fleurs et renfermées dans un double mur.
L'un à hauteur d'appui était garni de balustres, l'autre plus
élevé, soutenant des terrasses, était décoré de petites cuves
ou *vasques* en marbre de couleur, jetant de l'eau et communiquant entre elles au moyen de rigoles; les terrasses
étaient, suivant le goût de l'époque, plantées d'ifs et de buis
découpés en formes bizarres. Le bassin principal placé au
centre du parterre était orné d'un groupe en plomb. « Le
» jardin, dit Malingre[3], est embelly d'un beau bois par

---

[1] Mémoires du Cardinal de Richelieu.

[2] C'est-à-dire jusqu'au n° 13 de la rue de Fleurus actuelle.

[3] Antiquités de la Ville de Paris, livre II, page 402.

» allée, et de deux longues allées couvertes d'arbres ; les
» parterres sont ornés de grand nombre d'allées et de car-
» reaux représentans diverses figures et inventions des
» jardiniers. Il y a deux grands bassins de pierre, au mi-
» lieu une statue jetant de l'eau en abondance, qui vient
» du village d'Arcueil, et dont le regard est devant l'hostel
» de Troyes au fauxbourg Sainct-Michel. Aussi pour le
» même sujet du jardin et d'autres offices on a pris les
» places des fermes de l'Hôtel-Dieu, qu'on a remplacez d'au-
» tres lieux. »

Aqueduc d'Arcueil. — Dès l'an 1613, c'est-à-dire deux ans
environ avant qu'elle fît commencer la construction du palais, la régente s'était occupée des moyens d'y faire arriver
en abondance les eaux nécessaires aux services généraux
et à l'embellissement des jardins. Pour parvenir à ce but,
on fit d'énormes dépenses. Dans l'ancien village d'Arcueil
(*Arcoleum*)[1] se trouvaient les restes d'un aqueduc romain
construit au troisième siècle et destiné à conduire les eaux
de Rongis au palais des Thermes[2]. Marie de Médicis fit élever un nouvel aqueduc : c'est celui que l'on voit aujour-
d'hui dans le même village. Cet ouvrage, comparable aux
plus beaux monuments que l'antiquité nous ait laissés en ce
genre, fut construit d'après les dessins et sous la direction
de Jacques de Brosse. La première pierre en fut posée par
la régente et par son fils Louis XIII le 17 juillet 1613 ; il

[1] On voit à Arcueil près Paris, dans une propriété particulière, les restes de l'a-
queduc antique.

[2] Des restes considérables de ce palais, que l'on croit avoir été construit par
Constance Chlore, grand-père de l'empereur Julien, existent encore rue de la
Harpe ; Zozime qualifie cet édifice de *basilique*, et Ammien Marcellin de palais et
de *maison royale*. Les empereurs Valentinien et Valens y séjournèrent. Clotilde
l'habitait avec ses petits-fils, qui furent égorgés par leur oncle. Le poëte Fortunat
prétend qu'il a été bâti par Ultrogote. Les restes de ce palais et de ses souterrains
méritent d'être vus avec attention.

avait alors douze ans. Les travaux, mis au rabais et adjugés le 8 octobre de l'année précédente à Jean Coing, maître maçon, pour quatre cent soixante mille livres, furent achevés en 1624. Cet aqueduc a environ trois cent quatre-vingt-dix mètres de longueur et vingt-quatre mètres de hauteur. Les eaux de Rongis et des sources avoisinantes traversent l'aqueduc, composé de vingt-cinq arcades, et, après avoir parcouru des conduits souterrains de onze mille six cent soixante-quatre mètres, sont reçues dans un château d'eau situé à droite de la grille d'entrée de l'Observatoire Royal. Ensuite elles se dirigent en partie dans des réservoirs voisins de la belle fontaine connue autrefois sous le nom de *Grotte de Marie de Médicis*, et construite par Jacques de Brosse à l'extrémité Est de l'allée des Platanes. « Pour donner de l'eau à ce palais, elle (Marie) y fit con-
» duire les fontaines de Rongy à quatre lieues de Paris,
» œuvre vraiment royale, et ce d'autant plus que, n'en rete-
» nant que la moindre part pour elle, elle donna tout le
» reste de ces eaux au public, les divisant au collége royal
» et en plusieurs autres lieux de l'Université[1]. »

A l'époque où Marie de Médicis fit exécuter cet important travail, au moyen duquel trente pouces d'eau furent conduits du village d'Arcueil à Paris, il n'existait encore aucune fontaine publique dans la partie méridionale de cette ville. Il ne serait pas exact de dire, comme le cardinal de Richelieu, que la reine-mère ne retint pour l'usage de son palais que la *moindre part* des eaux de Rongis, mais il est certain qu'après en avoir réservé dix-huit pouces pour cette demeure royale et l'embellissement de ses jardins, elle abandonna les douze autres pouces à la ville de Paris, qui les distribua dans les quartiers Saint-Victor, etc. Quatorze fontaines

---

[1] Mémoires du Cardinal de Richelieu.

encore existantes furent construites à cette époque, et, pour la plupart, alimentées par cette portion des eaux d'Arcueil.

Marie de Médicis ne comptait pas lorsqu'il s'agissait de satisfaire son goût prononcé pour le luxe et la magnificence : ses prodigalités étaient sans bornes [1]. Aussi serait-il intéressant de connaître le chiffre des dépenses de toute nature qu'elle fit pour se procurer la somptueuse demeure dont je viens de décrire l'état primitif; malheureusement les recherches faites sur cet objet ont été jusqu'à présent sans résultat. Au surplus, si l'on réfléchit à tout ce qu'exigea la construction et l'embellissement du palais et des jardins, aux œuvres d'art qui y furent répandues avec profusion, aux travaux importants exécutés dans un parcours immense pour conduire les eaux de Rongis au Luxembourg et dans les quartiers avoisinants, on pourra se faire une idée des sommes énormes consacrées par Marie de Médicis à l'achèvement de cette somptueuse résidence.

---

[1] Les dépenses de sa maison, du vivant de Henri IV, montaient à trois cent quarante-cinq mille livres par an, somme considérable alors. La Reine exigeait sans cesse des gratifications et des pots-de-vin. On publia même des édits portant des créations d'offices faites en sa faveur, et, quoique ces objets réunis formassent une somme exorbitante, elle ne suffisait pas pour satisfaire son luxe et ses prodigalités, surtout envers Concini et sa femme. Elle alla même jusqu'à engager une partie des diamants de la couronne, et le Roi fut obligé de prendre sur le trésor royal l'argent nécessaire pour les dégager. Ces diamants avaient été achetés par un intrigant italien, l'abbé Ruccelaï, qui joua un rôle important dans l'évasion de la reine-mère, lorsqu'elle était captive à Blois, et finit, en définitive, par la trahir.

CHAPITRE DEUXIÈME.

1615-1795.

Marie de Médicis n'habita que peu d'années le palais
qu'elle avait fait élever à grands frais; elle le quitta, pour
n'y jamais rentrer, au milieu de l'année 1631. Cette princesse violente et opiniâtre poussait tout à l'excès, l'amitié
et la haine [1] : dès les premières années de sa régence, elle
avait excité contre elle et son favori Concini des cabales
de cour qui eurent pour tous deux les conséquences les
plus fatales. Cet étranger, comblé de faveurs, auquel
elle abandonnait sans réserve la direction des affaires du
royaume, périt assassiné le 24 avril 1617, comme il entrait
au Louvre pour se rendre au conseil. En apprenant cette
nouvelle, la reine-mère reste atterrée : elle comprend qu'elle
va perdre tout l'ascendant qu'elle avait jusqu'alors conservé

[1] Marie de Médicis n'avait que quatorze ans lorsqu'elle perdit son père; sa tante,
la grande-duchesse Christine de Lorraine, qui s'était alors chargée de son éducation,
se plaignait souvent que sa nièce était si fortement attachée à ses opinions qu'il lui
était impossible de l'en faire changer, et que son entêtement était extrême. (Voir
l'Histoire de la Mère et du Fils, tome 1, page 11.)

sur l'esprit du roi son fils [1]. Elle veut néanmoins le voir ; on lui refuse d'abord cette faveur, qu'elle n'obtint ensuite qu'avec peine, et sur le consentement, qu'on lui arracha, de s'éloigner pour quelque temps de la cour. A la suite de cette douloureuse entrevue, elle se résigne et part pour l'exil. Elle se retira au château de Blois le 4 mai de la même année 1617.

Cet exil, ou pour mieux dire cette captivité, durait depuis deux ans, lorsque, dans la nuit du 21 au 22 février 1619, Marie, secondée par l'Italien Ruccelaï, s'échappe de Blois au moyen d'une échelle appliquée à la fenêtre de son cabinet, traverse à pied les jardins du château, gagne un carrosse disposé pour la recevoir, et trouve aux environs de Loches le duc d'Épernon, qui, ayant consenti à favoriser son évasion, la conduisit à Angoulême. Elle avait alors quarante-six ans. Après de nombreuses négociations, auxquelles prit part Richelieu, investi alors de toute sa confiance, elle eut avec son fils, Louis XIII, une première entrevue, le 5 septembre 1619, au château de Couzières près de Tours [2]. Ils

---

[1] On voit dans les mémoires du temps qu'en ce moment critique elle parut plus affligée de la perte de son autorité que de la mort de son favori, car elle s'écria en apprenant ce lâche assassinat : *J'ai régné sept ans ; il ne faut plus penser qu'à la couronne du ciel.* Elle garda ensuite un triste silence. Quelqu'un lui ayant témoigné l'embarras où l'on était d'annoncer à la maréchale d'Ancre la mort de son mari, et ayant osé la prier de prendre ce soin, elle s'emporta et répondit : *J'ai bien d'autres choses à faire présentement : si on ne peut dire à la maréchale que son mari est mort, il faut le lui chanter aux oreilles ; qu'on ne me parle plus de ces gens-là, je leur avais dit, il y a longtemps, qu'ils feraient bien de s'en retourner en Italie.*

[2] Ce château assez curieux, qui existe encore aujourd'hui, appartenait alors au duc de Montbazon. L'entrevue de la reine-mère avec son fils eut lieu dans le jardin, parce que, celui-ci étant entré dans le parc, elle courut au-devant de lui. Louis témoigna beaucoup de joie de revoir sa mère ; l'émotion de Marie fut telle que ses larmes, coulant en abondance, baignèrent le visage de ce prince. Elle lui dit en l'embrassant : *Monsieur mon fils, que vous vous êtes fait grand. — Madame,* lui répondit Louis, *j'ai crû pour votre service.* Il avait alors dix-huit ans.

restèrent dans ce château pendant trois jours. Cette courte entrevue terminée, Louis XIII retourne à Paris avec sa cour, la reine-mère part pour Angers, dont elle avait obtenu le gouvernement; elle espérait être bientôt rappelée à Paris. Une seconde entrevue entre la mère et le fils eut lieu le 13 août 1620 au château de Brissac.

Enfin, après trois années d'exil et de captivité, Marie de Médicis revint à Paris au commencement de l'automne de la même année 1620, et réunit au Louvre sa cour à celle de la jeune reine Anne d'Autriche, femme de Louis XIII [1]. Aux discordes de la cour succédèrent, pendant l'hiver suivant, les plaisirs, les bals et les fêtes. La malheureuse Marie croyant, dans l'ivresse du premier moment, son retour et sa faveur assurés pour toujours, s'empressa d'appeler à Paris le célèbre peintre Rubens, et lui ordonna de retracer, dans une suite de tableaux, l'histoire allégorique de sa vie, sa bonne et sa mauvaise fortune, depuis sa naissance jusqu'à sa dernière réconciliation avec son fils Louis XIII.

Rubens se mit promptement à l'œuvre : il commença en 1621 et termina complétement en 1623, c'est-à-dire en deux ans, cette grande et admirable collection de vingt-quatre tableaux connue sous le nom de Galerie de Rubens. J'ai indiqué précédemment l'emplacement qu'occupait cette

---

[1] Le mariage de Louis XIII avec Anne d'Autriche avait eu lieu à Bordeaux, le 28 novembre 1615. Vittorio Siri, dans le *Memorie recondite*, tome III, page 395, raconte à cette occasion une contestation assez curieuse qui s'éleva, dit-il, à Burgos entre Philippe III et l'ambassadeur de France, à l'occasion de la bague que, suivant l'usage, Louis XIII devait donner à l'Infante le jour de la célébration du mariage; il prétend, chose assez peu croyable, que Philippe III exigeait qu'elle fût du prix de *trois cent mille livres*. Le commandeur de Silleri, trouvant cette somme exorbitante, n'y voulut point consentir; et le roi d'Espagne dut, en définitive, se contenter d'un diamant de dix mille écus que l'ambassadeur présenta à l'Infante de la part du roi son maître.

galerie de plain-pied avec les appartements de la reine. J'ajouterai que le Poussin, Philippe de Champagne et plusieurs élèves de l'école de Rubens, contribuèrent à l'embellissement du palais par des œuvres remarquables dont il existe encore des fragments au Luxembourg [1]. On leur attribue particulièrement les peintures de l'oratoire et des archives de Marie de Médicis. On raconte à cette occasion que Philippe de Champagne [2], élève de Jonquières, étant venu à Paris à l'âge de dix-neuf ans, le Poussin lui reconnut des dispositions et le fit employer par un nommé Duchesne, qui avait, dit-on, l'entreprise des peintures du palais. Le talent avec lequel le jeune artiste exécuta le travail dont il fut chargé excita la jalousie de Duchesne, qui lui était bien inférieur. Découragé par d'injustes tracasseries, Champagne retourna à Bruxelles. Mais, après la mort de Duchesne, il fut rappelé par la régente, qui lui donna un logement au Luxembourg, avec la direction des tableaux et une pension de douze cents livres. Il avait peint une partie des appartements de cette princesse, et le Poussin y avait exécuté de petits tableaux dans les lambris.

La reine-mère habitait depuis peu de temps sa nouvelle demeure quand s'élevèrent entre elle et le cardinal, devenu ministre, des mésintelligences suivies bientôt d'une éclatante rupture qui amena le triomphe de Richelieu et la perte de cette princesse. Trois ans après le retour de Marie, son caractère altier, que n'avaient pu fléchir ses récentes infortunes, la domina plus que jamais [3]; elle ne voulait se souve-

---

[1] Dans la salle du Livre-d'Or dont ils ornent les lambris. (Voir le chapitre IV.)

[2] Ce peintre célèbre naquit à Bruxelles en 1602, et mourut à Paris en 1674.

[3] Faisant allusion au caractère difficile de Marie, Henri IV l'appelait souvent Madame la Régente. Un jour qu'elle en paraissait vivement contrariée : « Vous avez » raison, lui dit-il, de désirer que nos ans soient égaux; car la fin de ma vie sera le » commencement de vos peines; vous avez pleuré de ce que je fouettais votre fils

nir que de la puissance sans bornes qu'elle avait longtemps
exercée. Elle s'était flattée de gouverner seule sous le nom
de cet homme habile, qu'elle regardait comme sa créature.
En effet, Richelieu devait à Marie de Médicis son élévation;
c'était elle qui d'abord lui avait fait donner le chapeau de
cardinal : plus tard, voulant l'introduire dans le conseil, elle
avait dû déployer toute son adresse et toute sa puissance
pour lui en aplanir la route. Il lui fallut d'abord forcer le
roi son fils à surmonter l'éloignement que lui inspirait la
personne du cardinal, puis vaincre les répugnances et les
mauvais vouloirs des personnages puissants qui lui étaient
contraires; et plus particulièrement l'opposition du marquis
de la Vieuville, alors surintendant des finances, qu'elle fut
obligée de gagner. Enfin, après bien des démarches et des
intrigues de tout genre, Richelieu entra au conseil en 1624.
Le rôle qu'il joua d'abord ne fut que secondaire; mais peu
à peu, s'étant rendu maître de l'esprit du monarque, il domina bientôt le conseil par l'ascendant de son génie et devint
tout-puissant.

Déçue dans ses espérances, s'apercevant, mais trop tard,
que son protégé, loin de la seconder dans ses projets, ne
cherchait qu'à y mettre obstacle, la reine-mère fit éclater
alors tout son ressentiment et jura la perte de son ingrat
favori. Aussitôt, par ses intrigues, elle forme une puissante
cabale : elle ne s'arrête qu'après avoir arraché à la faiblesse
du roi la promesse de renvoyer son ministre, et en même

» avec un peu de sévérité, mais quelque jour vous pleurerez beaucoup plus du mal
» qu'il aura ou que vous recevrez vous-même. Mes maîtresses vous ont souvent déplu;
» mais difficilement éviterez-vous d'être un jour maltraitée par celles qui posséde-
» ront son esprit. Une chose vous puis assurer, c'est qu'étant de l'humeur que je
» vous connais, en prévoyant celle dont il sera, vous *entière*, pour ne pas dire *têtue*,
» et lui opiniâtre, vous aurez souvent maille à partir ensemble. » — Cette particu-
larité se trouve dans l'Histoire de la Mère et du Fils, tome I, pages 15 et 20.

temps toutes les personnes que le cardinal avait placées
auprès d'elle, entre autres madame de Combalet, sa nièce.
Le faible Louis XIII, obsédé, consent, puis se rétracte ; il
conjure sa mère de recevoir les excuses de la nièce dont
elle prétendait avoir à se plaindre, et de rendre ses bonnes
grâces au cardinal. Il engage celui-ci à accorder quelque
chose au ressentiment d'une femme et à prescrire des soumissions à sa nièce. Marie, à ses conditions, promet à son
fils de leur rendre sa faveur. Les choses ainsi réglées donnèrent lieu à la fameuse explication connue sous le nom de
Journée des dupes [1]. Je crois devoir faire connaître dans tous
ses détails cette scène étrange qui se passa au Luxembourg le
11 novembre 1630 dans les appartements de la reine-mère.
Voici comment Anquetil la raconte : « Madame de Comba-
» let est admise en présence du roi à l'audience de la reine
» qui demeurait au Luxembourg. Elle se jette aux pieds de
» la reine et lui demande pardon de lui avoir déplu. Marie
» la reçoit froidement, et bientôt, lasse de se retenir, elle se
» laisse aller à toute la fougue de son caractère, l'accable
» de reproches et d'injures, la traite d'ambitieuse, d'ingrate,
» de fourbe, de femme débordée, et avec tant de pétulance,
» que le monarque ne peut la contenir, et est obligé de faire
» signe à cette dame de se retirer. Il tâche de calmer sa
» mère, la conjure de se modérer, et, croyant avoir trouvé
» un moment favorable, il appelle le cardinal. Celui-ci, qui
» avait vu sortir sa nièce tout en larmes, entra lui-même en
» tremblant. Cette scène commence et finit comme l'autre.
» La reine, plus irritée qu'adoucie par les excuses de Riche-
» lieu, qu'elle traite de soumission hypocrite, pleure, san-
» glote, s'écrie que le cardinal est un perfide, un scélérat,
» l'homme le plus méchant et le plus détestable du royaume.

---

[1] Ce nom de *Journée des dupes* est attribué à Bassompierre.

» — Vous ignorez ses projets, dit-elle à son fils, il n'attend
» que le moment où le comte de Soissons aura épousé sa
» nièce pour lui mettre votre couronne sur la tête. — Mais,
» madame, lui disait le roi attendri et ému, madame, que
» dites-vous là, à quel excès vous transporte votre colère!
» C'est un homme de bien et d'honneur; il m'a toujours
» servi fidèlement; je suis très-satisfait de lui; vous me dés-
» obligez, vous me mettez à la gêne; j'aurai de la peine à
» revenir du chagrin que vous me faites. — Peu touché de
» l'état violent où elle mettait son fils, dont peu de chose
» altérait la santé, elle persévère dans son emportement; il
» est obligé, pour mettre fin à une scène aussi désagréable,
» d'ordonner brusquement au cardinal de sortir. Celui-ci se
» croit perdu, il se retire consterné; et, peu après, le roi sort
» lui-même, profondément blessé de la double offense de
» sa mère, qui lui manquait si ouvertement de paroles et
» d'égards.

» Aussitôt que la reine se trouve seule, ses femmes
» entrent, ses confidents, ses officiers, ses domestiques
» s'empressent; tout le monde est bienvenu. Elle leur ra-
» conte d'un air de triomphe ce qu'elle a dit, ce qu'elle
» a fait, comme elle a humilié le cardinal, comme il
» était confus, désespéré; elle ajoute que si son fils ne
» lui a pas donné gain de cause devant son ministre,
» c'est par une condescendance qui ne durera pas. Tous
» ceux qui l'entendent applaudissent à sa fermeté. Les
» courtisans, voyant que le roi s'est retiré sans rien dire,
» que tout est en désordre et en confusion chez le cardinal,
» qu'il brûle ses papiers, qu'il fait emballer ses meubles
» et se dispose à un prompt départ; les courtisans, cette
» nation mobile, qui tourne sans cesse au vent de la faveur,
» courent en foule chez la reine, remplissent ses apparte-
» ments. Elle se montre, parle, écoute, caresse, remercie

» et respire avec volupté l'encens que ses flatteurs lui pro-
» diguent [1]. »

Cependant, après cette scène scandaleuse, la reine-mère,
qui connaissait le caractère faible et irrésolu du roi, quoique
triomphante en apparence, n'était pas sans inquiétude sur
le succès des promesses qu'elle lui avait arrachées concernant le cardinal. Aussi voulut-elle immédiatement faire un
dernier effort pour assurer la disgrâce de celui-ci. A cet
effet elle sollicite et obtient du roi une nouvelle entrevue,
qui eut lieu au Luxembourg le lendemain de la scène qui
précède ; en voici le détail :

Sous prétexte d'une indisposition, Marie de Médicis avait
défendu qu'on entrât dans son cabinet, afin de ne pas être
interrompue dans l'entretien qu'elle allait avoir avec son
fils. Celui-ci, qui habitait alors dans la rue de Tournon
l'hôtel de Concini, étant venu au Luxembourg, s'enferme
avec sa mère ; elle renouvelle alors avec véhémence tous
ses efforts pour obtenir la disgrâce du cardinal. Comme le
roi cherchait à l'adoucir en faveur de son ministre, celui-ci,
instruit probablement que le roi était seul avec sa mère
et ne doutant pas qu'elle ne travaillât en ce moment à con-
sommer sa ruine, court à l'appartement où il frappe inuti-
lement ; mais, comme il en connaissait tous les détours, il
entre par l'oratoire qui communiquait au cabinet de la
reine-mère, et dont on avait négligé de fermer la porte [2] : il
se présente tout à coup ; le roi reste si surpris en le voyant,
qu'au lieu de lui reprocher sa hardiesse, il se contente de
dire à Marie : *Tout est perdu.* Le cardinal, sans témoigner

---

[1] Anquetil, édition Quéné, 1829, tome VII, pages 18, 19 et 20.

[2] M. Capefigue, dans son ouvrage intitulé : Richelieu, Mazarin, etc., tome IV,
page 356, dit que Richelieu entra par la petite chapelle (l'oratoire), et, donnant
quelques centaines de doublons à une femme de chambre nommée Gincolle, se fit
ainsi ouvrir le cabinet de la reine.

la moindre émotion, dit : *Je m'assure que vous parliez de moi.*
La reine, accoutumée à la dissimulation, répond négative-
ment d'un ton assuré ; mais Richelieu ayant osé lui repartir
par ces mots inconvenants : *Avouez-le, madame;* alors éclate
une scène d'injures et de reproches du côté de la reine, et
de soumissions les plus humbles de la part du cardinal, qui
cherche en vain à l'apaiser. Voyant qu'il ne pouvait la fléchir, il supplie le roi de trouver bon qu'il quitte le ministère *pour aller pleurer dans la plus profonde retraite le malheur qu'il avait de déplaire à sa bienfaitrice.* Louis joint ses
prières et ses supplications à celles de son ministre pour
tâcher de calmer Marie ; mais elle insiste pour que cet ingrat
soit chassé, et demande à son fils *s'il serait assez dénaturé
pour préférer un valet à sa mère.* Renonçant à la calmer, le
roi sort suivi de Richelieu, et part pour Versailles afin d'é-
viter une nouvelle explication que l'emportement de sa mère
lui faisait redouter.

Richelieu vint encore se jeter aux pieds de Marie pour
implorer son pardon, mais elle resta inexorable. Plusieurs
amis du cardinal ayant représenté à cette princesse l'afflic-
tion profonde où elle l'avait réduit : *Bon, bon,* répondit-elle,
*il change de visage et de contenance comme il lui plaît; lorsqu'on
le trouve le plus gai et le plus content du monde, il paraît en
un instant triste et demi-mort si l'état de ses affaires le demande.*

Après cette dernière et humble tentative de Richelieu, ce
ministre, se croyant perdu sans ressource, n'avait d'abord
songé qu'aux moyens de ravir à ses ennemis, par une retraite
précipitée, le plaisir de jouir devant lui de son humiliation.
Il déclara donc publiquement qu'il irait coucher à Pontoise
pour passer ensuite en Normandie. Mais, bientôt ranimé
par les conseils de quelques amis et par une démarche habi-
lement combinée du cardinal de Lavalette, il va trouver le

roi à Versailles, et il lui suffit d'une seule entrevue pour reprendre sur l'esprit de Louis XIII tout son ascendant. Le cardinal avait tout à craindre des intrigues sans cesse renaissantes de la reine-mère; il n'hésite plus, il conseille et fait consentir le roi à une rupture complète et sans retour.

La malheureuse Marie, d'abord prisonnière à Compiègne le 13 février 1631[1], s'évade le 18 juillet suivant et cherche à se réfugier à Avesnes, d'où elle est forcée de sortir au bout de trois jours; elle se retire alors à Bruxelles, puis à Gand. Obligée bientôt de quitter les Pays-Bas, elle passe en Angleterre à la fin de 1638 auprès de Charles Ier, son gendre, et négocie sans succès son retour en France[2]. On veut la reléguer à Florence; mais, pour ne pas rendre son pays natal témoin de ses disgrâces, elle refuse; enfin, réduite une dernière fois à chercher un abri contre ses persécuteurs, elle se réfugie à Cologne, ville impériale et neutre. Elle y arriva vers la fin de 1641 et y mourut le 3 juillet 1642, à l'âge de soixante-neuf ans. Dans les derniers temps de sa vie, elle s'y était trouvée réduite, faute d'argent, à renoncer à tout appareil royal, à renvoyer ses domestiques, et à se borner au pur nécessaire.

Elle pardonna à Richelieu en mourant. Après qu'elle se fut confessée, le nonce apostolique Fabio Chigi, qui depuis fut pape sous le nom d'Alexandre VII, lui demanda si elle

---

[1] Voir la Défense de la reine-mère, pages 264 et 706.

[2] Marie de Médicis s'embarqua, le 20 octobre 1638, avec une suite d'environ deux cents personnes; elle essuya pendant la traversée une tempête si violente qu'elle fut sept jours en mer, et aborda enfin à Essex. Après quelques jours de repos, elle se rendit à Douvres, où Charles Ier vint la recevoir avec sa femme. Il marqua le plus vif intérêt aux malheurs de sa belle-mère et le plus grand désir de les adoucir; il la conduisit à Londres où on lui fit une réception pompeuse. Pendant les trois années qu'elle y resta, Charles lui assigna cent livres sterling par jour, qui lui furent, dit-on, payées exactement jusqu'au moment où, forcée de quitter l'Angleterre, elle passa à Cologne.

pardonnait à tous ses ennemis, et en particulier au cardinal de Richelieu : *De tout mon cœur,* répondit-elle. Le nonce alors ayant voulu l'engager à envoyer à Richelieu, en signe de réconciliation, son portrait dans un bracelet qu'elle portait au bras : *Questo e pur troppo* (Oh c'est trop), répondit-elle. Chigi n'insista pas davantage. Au moment suprême, elle le pria de lui donner sa bénédiction, et mourut presque aussitôt avec le courage qu'inspire la religion.

Ainsi finit dans l'abandon, et vivant du peu d'argent qu'elle pouvait retirer de l'électeur de Cologne, une princesse que la fortune avait placée sur l'un des premiers trônes du monde.

« Marie de Médicis, dit Monglat, veuve d'Henri IV, mère » de Louis XIII, des reines d'Espagne et d'Angleterre, ainsi » que de la duchesse de Savoie, tellement qu'on aurait pu » dire que ses enfants régnaient dans toute la chrétienté, » n'avait pas en mourant un seul pouce de terre [1]. » Sur la fin de sa vie, ses chagrins multipliés et ses humiliations en tout genre avaient tellement énervé son courage et flétri son âme, qu'elle semblait avoir perdu jusqu'à la faculté de se plaindre. Si l'on considère les divers événements qui ont rempli la vie de cette infortunée princesse, on ne peut s'empêcher de lui attribuer tous ses malheurs, et l'on déplore que pendant la durée de sa régence elle ait si mal profité des sages conseils qu'Henri IV lui donna peu de temps avant de périr [2]. On est forcé de reconnaître que Marie de Médicis avait tous les défauts de son sexe sans aucune des qualités propres à les racheter ou à justifier son ambition, et que, incapable de se gouverner, elle se perdit elle-même en voulant gouverner l'État. Néanmoins il faut reconnaître en même

[1] *Mémoires de Montglat,* tome II, page 28.
[2] *Histoire de la Mère et du Fils,* tome I, pages 27 et suivantes.

temps que rien ne saurait justifier Richelieu aux yeux de la postérité, de la dureté inouïe dont il usa à l'égard de sa bienfaitrice : il ne devait jamais oublier que, malgré ses torts envers lui, il tenait d'elle le pouvoir dont il se servit pour la persécuter et l'accabler.

Marie de Médicis, forcée, lors de son dernier exil, d'abandonner le somptueux palais qu'elle avait fait élever, l'avait donné à Gaston de France, duc d'Orléans, son second fils. Il existe une transaction du 26 mai 1646 [1], faite entre Louis XIV, sur l'avis de la régente Anne d'Autriche, sa mère, et Gaston, son oncle, concernant la succession de Marie. Une des clauses de cet acte porte que le palais du Luxembourg, dix-huit arpents de terre sis au Mont-Parnasse et plusieurs domaines considérables, représentant ensemble 1,800,000 livres, constituées en dot à la feue reine ; de plus tout le mobilier, seront délaissés à Gaston d'Orléans, à la charge par lui de payer toutes les dettes de cette princesse.

Anne-Marie-Louise d'Orléans, duchesse de Montpensier, connue sous le nom de *Mademoiselle*, devint ensuite propriétaire du palais du Luxembourg, parce que cette princesse était déjà, par ses droits, en possession de la moitié du fonds. Par transaction du 1er mai 1672, il passa dans les mains de sa sœur consanguine, Élisabeth d'Orléans, duchesse de Guise et d'Alençon, épouse de Louis-Joseph d'Orléans, dernier de cette maison. Cette princesse, morte sans enfants en 1696, en fit don à Louis XIV le 16 mai 1694. A la mort de ce monarque, il retourna à la famille d'Orléans. Le régent l'abandonna à sa fille, la duchesse de Berry, qui l'habita, ainsi que sa sœur, Louise-Élisabeth d'Orléans, mariée à Louis Ier d'Espagne. Celle-ci y demeura après son retour en France, 1725,

[1] Cette transaction se trouve dans les Mémoires de Dupuy, nº 36.

jusqu'à sa mort en 1742. La duchesse de Brunswick a également séjourné dans ce palais.

Pendant son séjour dans le palais du Luxembourg, la duchesse de Berry prit une mesure qui indisposa contre elle la population du quartier. « Elle fit murer toutes les portes du » jardin, et ne conserva que celle de la grille du bas de l'esca- » lier du milieu du palais. Ce jardin, de tout temps public, » était la promenade de tout le faubourg Saint-Germain, qui » s'en trouva privé. M. le duc [1] fit ouvrir aussitôt celui de » l'hôtel de Condé, et le rendit public en contraste. Le bruit » fut grand et les propos peu mesurés sur la raison de cette » clôture [2]. » Peu de temps avant sa mort, la duchesse de Berry fit rouvrir les portes du jardin. Il est resté public jusqu'à nos jours.

Enfin, au mois de décembre 1778, le palais et toutes ses dépendances furent donnés en apanage, par Louis XVI, à Monsieur, comte de Provence, depuis Louis XVIII, qui occupa l'hôtel du Petit-Luxembourg jusqu'au 20 juin 1791, époque de son départ avec le roi son frère.

Pendant le dix-huitième siècle, il ne se passa rien de remarquable au Luxembourg. Le jardin, assez solitaire, continua d'être un lieu de promenade peu couru par le beau monde, et, pour cela même, fréquenté par les *philosophes*, qui ont laissé leur nom à l'une des allées. Diderot était dans sa jeunesse un des habitués du Luxembourg; dans un de ses plus piquants ouvrages, *le Neveu de Rameau*, il nous rappelle les promenades qu'il y faisait, alors que, pauvre et inconnu, il allait *rêver en été avec sa redingote de peluche grise ércintée par un des côtés, avec la manchette déchirée et les bas de laine noirs et recousus par derrière avec du fil blanc et faisant une*

---

[1] Titre affecté aux fils aînés des princes de Condé.
[2] Saint-Simon, tome XXVI, page 135.

assez triste figure dans l'allée des Soupirs. A peu près à la même époque, Jean-Jacques allait régulièrement s'y promener tous les matins vers les dix heures, répétant sans cesse les vers de Virgile que son ingrate mémoire lui faisait aussitôt oublier. C'était pendant sa jeunesse : plus tard il changea le lieu de ses promenades, le Luxembourg ne lui semblant pas encore assez désert; son imagination troublée voyait là, comme partout ailleurs, des ennemis apostés pour le persécuter [1].

Sous le règne de la Terreur, pendant les deux premières années de la république (1792-1793), époque où les prisons ordinaires de l'État, encombrées de victimes, devenaient insuffisantes, on convertit le palais du Luxembourg en maison de détention destinée d'abord à recevoir les Girondins au nombre de vingt-deux; mais on y renferma bientôt pêle-mêle, sans distinction de rang ni de fortune, une foule de malheureux déclarés suspects, entre autres Philippe de Noailles, duc de Mouchy, maréchal de France. Après une vie longue et honorable, consacrée tout entière à la défense de son pays, ce malheureux vieillard, dévoué à Louis XVI qu'il avait protégé pendant la journée du 20 juin, fut incarcéré au Luxembourg, traduit au tribunal révolutionnaire et condamné à mort l'an II (1794); il fut exécuté à l'âge de soixante-dix-neuf ans. On raconte que la maréchale, âgée et infirme, vint volontairement partager les rigueurs de sa captivité, et que, victime de son dévouement, elle périt comme lui sur l'échafaud.

Le vicomte Alexandre de Beauharnais fut aussi du nombre

---

[1] Selon lui, « ceux qui distribuaient des billets imprimés à la porte du Luxembourg avaient ordre de le passer avec la plus outrageante affectation, ou même de lui en refuser tout net, s'il se présentait pour en avoir; et tout cela, non pour l'importance de la chose, mais pour le faire remarquer, connaître et abhorrer de plus en plus. » (*Rousseau juge de Jean-Jacques*, premier dialogue.)

des victimes du régime de la Terreur renfermées au Luxembourg. A l'époque de l'évasion de Louis XVI, il était président de l'Assemblée constituante. En mai 1793, il fut nommé
général en chef de l'armée du Rhin; mais, peu de mois
après, il donna sa démission par suite du décret qui écartait les nobles de l'armée, et se retira dans ses terres. Arrêté
comme suspect, il fut conduit à la prison du Luxembourg,
jugé par le tribunal révolutionnaire et condamné à mort. Il
sortit de cette prison le 5 thermidor an II (23 juillet 1794)
pour aller à l'échafaud.

Sa femme, Joséphine Tascher de la Pagerie, fut elle-même
détenue comme suspecte; cette veuve du malheureux Beauharnais, qu'on devait voir plus tard épouse de Napoléon
Bonaparte, impératrice des Français et reine d'Italie; cette
femme, dont la haute fortune et les malheurs ont tour à tour
étonné et affligé la France, fut, après le 9 thermidor,
délivrée par Tallien.

Le conventionnel Camille Desmoulins, si connu par sa
fougue républicaine et par son journal *le Vieux Cordelier,*
fut enfermé au Luxembourg, puis traîné à l'échafaud à l'âge
de 33 ans. La *Biographie moderne* (Leipsig, 1807) affirme
qu'il ne put pardonner à son père de lui avoir dit qu'il visait
à l'échafaud. On pense que cette anecdote fait allusion à une
lettre de ce dernier, datée du 2 janvier 1790, dans laquelle
se trouvait le passage suivant : « Je vous vois du petit nombre
» des élus qui, avec les imprimeurs et les libraires, restez de
» bout au milieu d'une révolution qui met tout par terre. La
» tâche dont vous vous êtes chargé, est immense. On me
» parle de vos succès, et je n'y suis pas insensible; mais les
» dangers que vous courez m'affectent encore davantage. »

Dans la réponse de Camille Desmoulins à son père, réponse qui n'avait pas moins de dix pages, et qui fut insérée
dans son journal, il existe un passage que l'événement rend

d'autant plus curieux que c'est, comme je viens de le dire, du Luxembourg que cet infortuné partit, quelques années plus tard, pour monter à l'échafaud : « Une femme du peu- » ple, dit-il, qui feignait d'être ivre, m'a abordé ; elle a tiré » de son sein un papier où était un nom qu'elle croyait pour » moi fort redoutable, et, après quelques propos des halles, » m'a dit *de bien prendre garde au Luxembourg.* Mais je ne » crains ni le Luxembourg, ni les Tuileries. » Cette particu- larité m'a semblé devoir trouver place ici. J'ai pensé égale- ment qu'on ne lirait pas sans intérêt la lettre touchante que Camille Desmoulins adressa à sa femme avant d'aller à l'é- chafaud.

De la Prison du Luxembourg, duodi germinal, 5 heures du matin.

« Le sommeil bienfaisant a suspendu mes maux. On est » libre quand on dort ; on n'a point le sentiment de sa cap- » tivité : le ciel a eu pitié de moi. Il n'y a qu'un moment je » te voyais en songe, je vous embrassais tour à tour, toi, » Horace et Durousse qui était à la maison ; mais notre » petit avait perdu un œil par une humeur qui venait de se » jeter dessus, et la douleur de cet accident m'a réveillé. Je » me suis retrouvé dans mon cachot ; il faisait un peu de » jour. Ne pouvant plus te voir et entendre tes réponses, car » toi et ta mère vous me parliez, je me suis levé au moins » pour te parler et t'écrire. Mais, ouvrant mes fenêtres, la » pensée de ma solitude, les affreux barreaux, les verrous » qui me séparent de toi, ont vaincu toute ma fermeté d'âme. » J'ai fondu en larmes, ou plutôt j'ai sangloté en criant dans » mon tombeau : Lucile ! Lucile ! ô ma chère Lucile, où » es-tu ? Hier au soir j'ai eu un pareil moment, et mon cœur » s'est également fendu quand j'ai aperçu dans le jardin ta » mère. Un mouvement machinal m'a jeté à genoux contre

» les barreaux; j'ai joint les mains implorant sa pitié, elle
» qui gémit, j'en suis bien sûr, dans ton sein. J'ai vu hier sa
» douleur à son mouchoir, et à son voile qu'elle a baissé,
» ne pouvant tenir à ce spectacle. Quand vous viendrez,
» qu'elle s'asseye un peu plus près avec toi, afin que je vous
» voie mieux. Il n'y a pas de danger à ce qu'il me semble.
» Ma lunette n'est pas bien bonne; je voudrais que tu m'a-
» chetasses de ces lunettes comme j'en avais une paire il y
» a six mois, non pas d'argent, mais d'acier, qui ont deux
» branches qui s'attachent à la tête; tu demanderais du
» n° 15 : le marchand sait ce que cela veut dire [1]; mais sur-
» tout, je t'en conjure, Lolotte, par mes amours éternelles,
» envoie-moi ton portrait; que ton peintre ait compassion
» de moi qui ne souffre que pour avoir eu trop compas-
» sion des autres; qu'il te donne deux séances par jour.
» Dans l'horreur de ma prison, ce sera pour moi une fête,
» un jour d'ivresse et de ravissement, celui où je recevrai
» ce portrait. En attendant, envoie-moi de tes cheveux, que
» je les mette contre mon cœur. Ma chère Lucile, me voilà
» revenu au temps de nos premières amours, où quelqu'un
» m'intéressait par cela seul qu'il sortait de chez toi. Hier,
» quand le citoyen qui t'a porté ma lettre fut revenu : Hé
» bien! vous l'avez vue? lui dis-je, comme je le disais autre-
» fois à cet abbé Landreville, et je me surprenais à le re-
» garder, comme s'il fût resté sur ses habits, sur toute sa per-

[1] Pendant la Terreur, lorsque le Luxembourg fut converti en prison, on avait
placé d'abord à peu de distance du Palais une corde, jusqu'à laquelle le public avait
la faculté de s'approcher. Là se renouvelaient chaque jour des pantomimes déchi-
rantes entre les malheureux prisonniers voués à une mort presque certaine et leurs
parents ou amis, malgré tous les dangers qui pouvaient en résulter pour eux. L'autorité d'alors, fatiguée de ces démonstrations touchantes, fit à plusieurs reprises
reculer la corde, et, en définitive, à une distance telle que du Palais à cette espèce
de barrière, on ne pouvait plus distinguer les traits du visage sans le secours d'une
lunette.

» sonne, quelque chose de ta présence, quelque chose de
» toi. C'est une âme charitable puisqu'il t'a remis ma lettre
» sans retard. Je le verrai, à ce qu'il me paraît, deux fois
» par jour, le matin et le soir. Ce messager de nos douleurs
» me devient aussi cher que l'aurait été autrefois le messager
» de mes plaisirs. J'ai découvert une fente dans mon appar-
» tement; j'ai appliqué mon oreille, j'ai entendu gémir; j'ai
» hasardé quelques paroles, j'ai entendu la voix d'un malade
» qui souffrait. Il m'a demandé mon nom, je le lui ai dit :
» O mon Dieu! s'est-il écrié à ce nom, en retombant sur son
» lit, d'où il s'était levé, et j'ai reconnu distinctement la voix
» de Fabre d'Églantine. « Oui, je suis Fabre, m'a-t-il dit;
» mais toi ici! La contre-révolution est donc faite! » Nous
» n'osons cependant nous parler, de peur que la haine ne
» nous envie cette faible consolation, et que, si on venait à
» nous entendre, nous ne fussions séparés et resserrés plus
» étroitement; car il a une chambre à feu, et la mienne se-
» rait assez belle, si un cachot pouvait l'être. Mais, chère
» amie! tu n'imagines pas ce que c'est que d'être au secret
» sans savoir pour quelle raison, sans avoir été interrogé,
» sans recevoir un seul journal! c'est vivre et être mort tout
» ensemble! c'est n'exister que pour sentir qu'on est dans
» un cercueil! On dit que l'innocence est calme, coura-
» geuse. Ah! ma chère Lucile! ma bien-aimée! bien souvent
» mon innocence est faible comme celle d'un mari, celle
» d'un père, celle d'un fils! Si c'était un Pitt ou Cobourg
» qui me traitassent si durement; mais mes collègues! mais
» Robespierre qui a signé l'ordre de mon cachot! mais la
» république, après tout ce que j'ai fait pour elle! C'est le
» prix que je reçois de tant de vertus et de sacrifices! En
» entrant ici, j'ai vu Héraut-Séchelles, Simon, Ferroux,
» Chaumette, Antonelle; ils sont moins malheureux : aucun
» n'est au secret. C'est moi qui me suis dévoué depuis cinq

» ans à tant de haine et dé périls pour la république, moi
» qui ai conservé ma pureté au milieu de la révolution, moi
» qui n'ai de pardon à demander qu'à toi seule au monde,
» ma chère Lolotte, et à qui tu l'as accordé, parce que tu
» sais que mon cœur, malgré ses faiblesses, n'est pas indigne
» de toi ; c'est moi que des hommes qui se disaient mes
» amis, qui se disent républicains, jettent dans un cachot,
» au secret, comme un conspirateur ! Socrate but la ciguë,
» mais au moins il voyait dans sa prison ses amis et sa
» femme. Combien il est plus dur d'être séparé de toi ! Le
» plus grand criminel serait puni s'il était arraché à une
» Lucile autrement que par la mort, qui ne fait sentir au
» moins qu'un moment la douleur d'une telle séparation ;
» mais un coupable n'aurait point été ton époux, et tu ne
» m'as aimé que parce que je ne respirais que pour le bon-
» heur de mes concitoyens...... On m'appelle...... Dans ce
» moment les commissaires du tribunal révolutionnaire vien-
» nent de m'interroger ¹. Il ne me fut fait que cette question :
» Si j'avais conspiré contre la république. Quelle dérision ! et
» peut-on insulter ainsi au républicanisme le plus pur ! Je vois
» le sort qui m'attend. Adieu, ma chère Lucile, ma Lolotte,
» mon bon Loup ; dis adieu à mon père. Tu vois en moi un
» exemple de la barbarie et de l'ingratitude des hommes.
» Mes derniers moments ne te déshonoreront pas. Tu vois
» que ma crainte était fondée ², que nos pressentiments fu-

¹ Les Dictionnaires historiques lui attribuent la réponse suivante à la question qui lui fut faite sur son âge : « J'ai trente-trois ans (il en avait trente-quatre), l'âge du » sans-culotte Jésus, âge funeste aux révolutionnaires. »

² L'infortuné avait prévu sa fin tragique. Quelques jours avant son arrestation, l'un de ses amis, l'ayant rencontré, lui demanda ce que contenait un paquet qu'il lui voyait à la main. « Des numéros de mon Vieux Cordelier ; en voulez-vous ? — Non pas, ça brûle. — Peureux, répond Camille ; avez-vous oublié ce passage de l'Écri-ture : *Edamus et bibamus, cras enim moriemur* : Buvons et mangeons, car nous mourrons demain. »

» rent toujours vrais. J'ai épousé une femme céleste par ses
» vertus, j'ai été bon mari, bon fils; j'aurais été bon père.
» J'emporte l'estime et les regrets de tous les vrais républi-
» cains, de tous les hommes, la vertu et la liberté. Je meurs
» à trente-quatre ans; mais c'est un phénomène que j'aie
» passé, depuis cinq ans, tant de précipices de la révolution
» sans y tomber, et que j'existe encore, et j'appuie encore
» ma tête avec calme sur l'oreiller de mes écrits trop nom-
» breux, mais qui respirent tous la même philanthropie, le
» même désir de rendre mes concitoyens heureux et libres,
» et que la hache des tyrans ne frappera pas. Je vois bien
» que la puissance enivre presque tous les hommes, que
» tous disent comme Denys de Syracuse : « La tyrannie est
» une belle épitaphe. » Mais console-toi, veuve désolée! l'é-
» pitaphe de ton pauvre Camille est plus glorieuse : c'est
» celle des Brutus et des Caton, les tyrannicides. O ma chère
» Lucile! j'étais né pour faire des vers, pour défendre les
» malheureux, pour te rendre heureuse, pour composer,
» avec ta mère et mon père, et quelques personnes selon
» notre cœur, un Otaïti. J'avais rêvé une république que
» tout le monde eût adorée. Je n'ai pu croire que les hommes
» fussent si féroces et si injustes. Comment penser que quel-
» ques plaisanteries dans mes écrits, contre des collègues
» qui m'avaient provoqué, effaceraient le souvenir de mes
» services! Je ne me dissimule pas que je meurs victime de
» mes plaisanteries, et de mon amitié pour Danton. Je re-
» mercie mes assassins de me faire mourir avec lui et Phi-
» lippeaux; et, puisque mes collègues sont assez lâches pour
» nous abandonner et pour prêter l'oreille à des calomnies
» que je ne connais pas, mais, à coup sûr, les plus grossières,
» je vois que nous mourrons victimes de notre courage à dé-
» noncer des traîtres, de notre amour pour la vérité. Nous
» pouvons bien emporter avec nous ce témoignage, que nous

» périssons les derniers des républicains. Pardon, chère
» amie, ma véritable vie, que j'ai perdue du moment qu'on
» nous a séparés, je m'occupe de ma mémoire. Je devrais
» bien plutôt m'occuper de te la faire oublier, ma Lucile !
» mon bon loulou ! ma poule ! Je t'en conjure, ne reste point
» sur la branche, ne m'appelle point par tes cris; ils me déchi-
» reraient au fond du tombeau : vis pour mon Horace, parle-
» lui de moi. Tu lui diras ce qu'il ne peut point entendre,
» que je l'aurais bien aimé ! Malgré mon supplice, je crois
» qu'il y a un Dieu. Mon sang effacera mes fautes, les fai-
» blesses de l'humanité; et ce que j'ai eu de bon, mes ver-
» tus, mon amour de la liberté, Dieu les récompensera. Je
» te reverrai un jour, ô Lucile ! ô Annette ! Sensible comme
» je l'étais, la mort, qui me délivre de la vue de tant de
» crimes, est-elle un si grand malheur ? Adieu, loulou ; adieu,
» ma vie, mon âme, ma divinité sur la terre ! je te laisse
» de bons amis, tout ce qu'il y a d'hommes vertueux et sen-
» sibles. Adieu, Lucile, ma chère Lucile ! adieu, Horace,
» Annette ! adieu, mon père ! je sens fuir devant moi le ri-
» vage de la vie. Je vois encore Lucile ! je la vois ! mes bras
» croisés se serrent ! mes mains liées t'embrassent, et ma
» tête séparée repose sur toi. Je vais mourir !...... »

La malheureuse veuve de Camille Desmoulins ne tarda
pas à le suivre. Cette jeune femme, errant à toute heure autour de la prison de son mari, s'était épuisée en vaines ten-
tatives pour le sauver. Bientôt son désespoir passa pour une
conspiration. Elle fut arrêtée, condamnée et exécutée.

Danton, Philippeaux, Héraut de Séchelles et Lacroix, dé-
crétés d'accusation par la Convention, furent également en-
fermés au Luxembourg, presqu'en même temps que Camille
Desmoulins. Ces infortunés n'en sortirent, comme tant d'autres, que pour aller à la mort. « Héraut de Séchelles, qui les
» avait devancés au Luxembourg de quelques jours, accourut

» au-devant de ses amis et les embrassa gaiement. Quand les
» hommes, dit Danton, font des sottises, il faut savoir en rire.
» Puis, apercevant Thomas Payne, il lui dit : Ce que tu as
» fait pour le bonheur et la liberté de ton pays, j'ai en vain
» essayé de le faire pour le mien. J'ai été moins heureux,
» mais non pas plus coupable..... On m'envoie à l'échafaud ;
» eh bien, mes amis, il faut y aller gaiement [1]. »

L'historien Mignet raconte différemment l'arrestation de
Danton et son arrivée au Luxembourg. Voici comment il
s'exprime :

« Le 10 germinal, on vint lui annoncer (à Danton) que
» son arrestation était débattue au Comité de Salut public,
» et on le pressa encore de fuir. Il réfléchit un moment, et
» il répondit : *Ils n'oseraient.* La nuit sa maison fut investie,
» et il fut conduit au Luxembourg avec Camille Desmoulins,
» Philippeaux, Lacroix, Westermann. En entrant, il aborda
» cordialement les prisonniers qui se pressaient autour de
» lui. Messieurs, leur dit-il, j'espérais dans peu vous faire
» sortir d'ici ; mais m'y voilà moi-même avec vous : je ne
» sais pas maintenant comment cela finira. Une heure après,
» il fut mis au secret, et on l'enferma dans le cachot qu'a-
» vait occupé Hébert et que devait bientôt occuper Robes-
» pierre ; là, se livrant à ses réflexions et à ses regrets, il
» disait : Il y a un an à pareille époque que j'ai fait instituer
» le tribunal révolutionnaire ; j'en demande pardon à Dieu
» et aux hommes, mais ce n'était pas pour qu'il fût le fléau
» de l'humanité. »

Robespierre (Maximilien-Isidore), décrété d'arrestation
le 9 thermidor an II (27 juillet 1794), fut en effet conduit
à la prison du Luxembourg ; mais il parvint presque aussitôt
à s'en échapper et se rendit à l'Hôtel-de-Ville. On sait qu'ar-

[1] Thiers, Histoire de la Révolution française, chapitre v, page 202.

rivé là, le gendarme Méda lui tira, à bout portant, un coup de pistolet et lui fracassa la mâchoire sans le tuer[1]. Le lendemain de son arrestation, 10 thermidor, il fut conduit à l'échafaud avec vingt-cinq de ses adhérents. Avec lui finit le règne de la Terreur.

David (Jacques-Louis), peintre célèbre, admirateur fanatique de Robespierre, avec lequel il voulait, disait-il, *boire la ciguë*, fut aussi incarcéré au Luxembourg après le 9 thermidor. On prétend qu'il y conçut le plan et l'esquisse de son tableau des Sabines. Il est certain que, pendant la durée de sa détention, il chercha dans les plaisirs de son art des distractions aux ennuis et aux rigueurs de la captivité. Il reste de lui une esquisse assez curieuse d'une partie du jardin du Luxembourg, prise de la chambre où il était renfermé, à l'étage supérieur de l'ancien pavillon d'angle situé à l'Ouest du palais. On aperçoit sur le premier plan un vaste enclos en planches qui devait exister sur l'emplacement qu'occupent actuellement les jardins particuliers du palais et de la Chancellerie; au delà sont les allées mises en culture pendant la Révolution. Plus loin, à travers les arbres plantés sans symétrie, on voit les bâtiments du café tels qu'ils sont encore aujourd'hui; ils avaient été construits depuis peu pour y établir les bureaux d'administration des ateliers d'armes qui furent, à cette époque, organisés dans l'ancien

---

[1] « . . . . . . J'entre dans la salle du Conseil.... je vois alors une cinquantaine » d'hommes dans une grande agitation.... je vois au milieu d'eux Robespierre aîné, » il était assis dans un fauteuil, ayant le coude gauche sur les genoux et la tête appuyée sur la main gauche. Je saute sur lui, et, lui présentant la pointe de mon » sabre au cœur, je lui dis : Rends-toi, traître. Il relève la tête! et me dit : C'est » toi qui es un traître, et je vais te faire fusiller! A ces mots, je prends de la main » gauche un de mes pistolets, et, faisant un à droite, je le tire. Je croyais le frapper à la poitrine, mais la balle le prend au menton et lui casse la mâchoire gauche » inférieure; il tombe de son fauteuil, » etc. (*Précis historique des événements du 9 thermidor*, par Méda.)

clos des Chartreux. Dans le lointain se dessinent les collines de Meudon et de Bellevue. David, l'un des apôtres les plus passionnés de la Révolution, avait voté la mort de Louis XVI; mis en accusation par les thermidoriens, il dut sa liberté à l'éclat de son nom et aux sollicitations de ses élèves [1].

[1] David, élève de Vien, est né à Paris en 1750; il est considéré comme le restaurateur de l'école française. Ses principaux élèves, Gérard, Guérin, Girodet, et surtout Gros, suffiraient pour rendre son nom célèbre, si les tableaux remarquables qu'il a laissés dans nos musées (Brutus, les Horaces, les Sabines, le Couronnement, la Distribution des aigles, Léonidas, etc.) n'étaient pas là pour l'illustrer. Sous la Restauration, David fut banni comme régicide; il mourut à Bruxelles en décembre 1825.

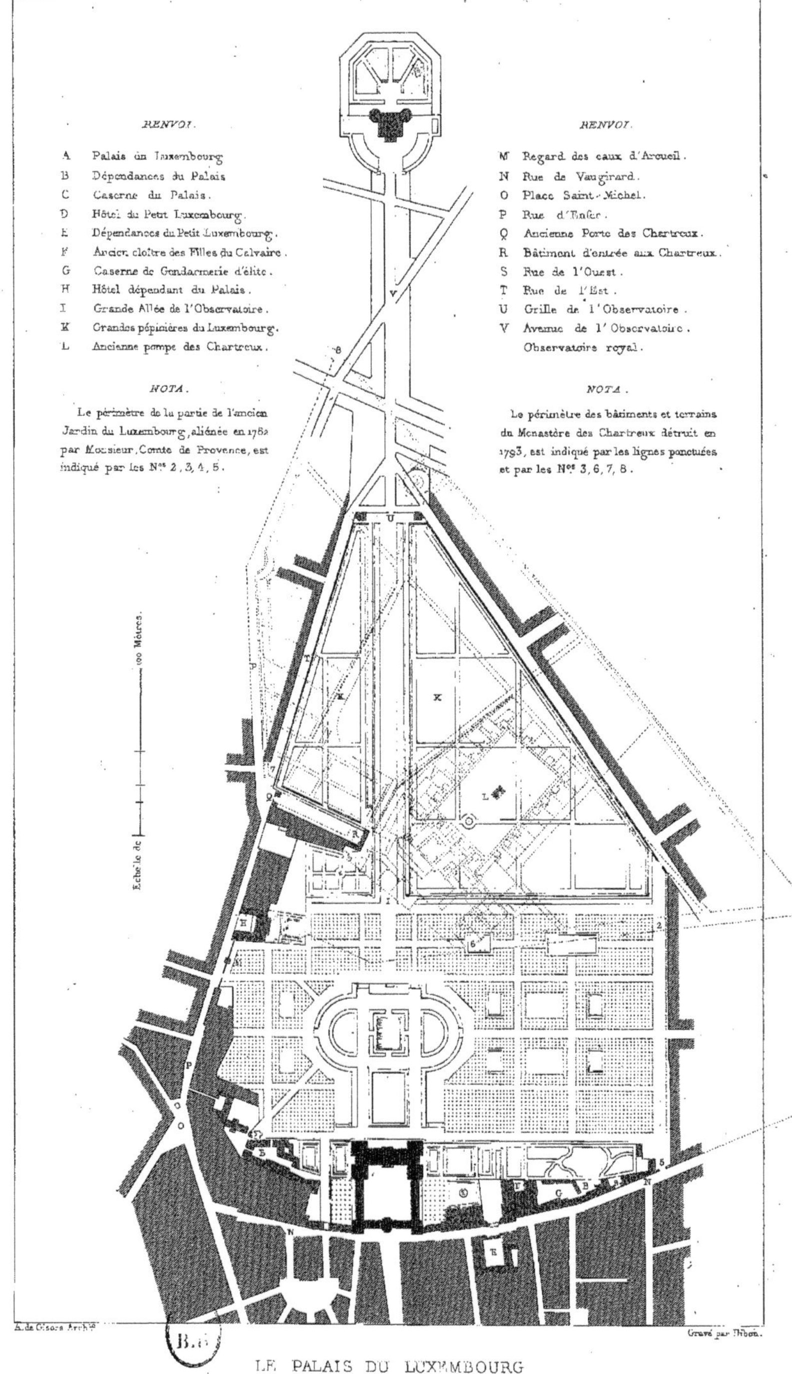

LE PALAIS DU LUXEMBOURG

SOUS LE CONSULAT ET L'EMPIRE.

Côté du Jardin.

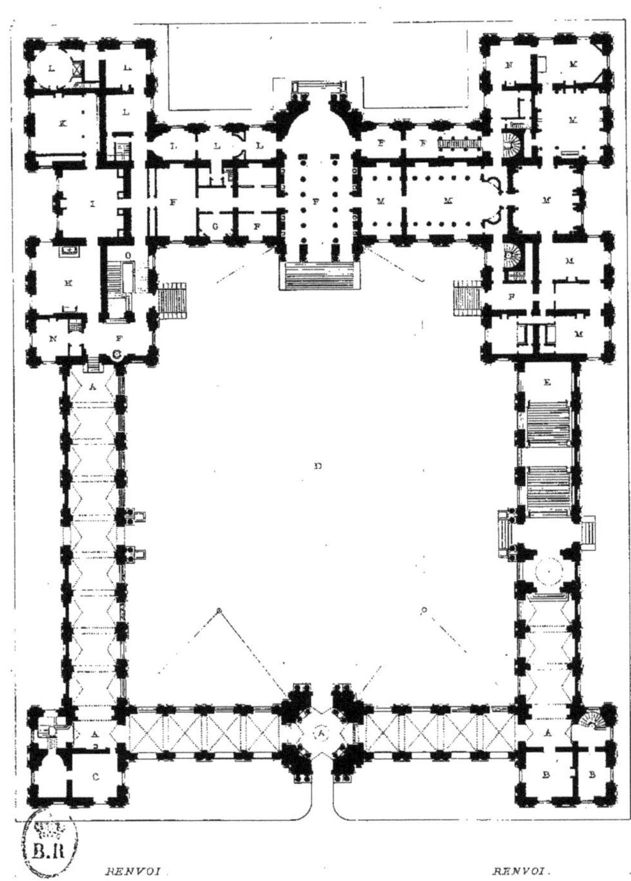

RENVOI.

A Porche et Galeries d'entrée.
B Concierge du Palais &c.
C Concierge du Musée public.
D Grande Cour d'honneur.
E Grand Escalier d'honneur.
F Vestibules et Logement du Suisse.
G Petit Vestiaire des Princes.

RENVOI.

H Chapelle du Luxembourg.
I Salle d'attente des mariages.
K Salle dite du livre d'or.
L Appartements particuliers.
M Appartements de réception.
N Bureau des pétitions &c.
O Escalier des Grandes Archives.

Echelle de |————————————————| |————————| 40 mètres.

LE PALAIS DU LUXEMBOURG
SOUS L'EMPIRE ET LA RESTAURATION.

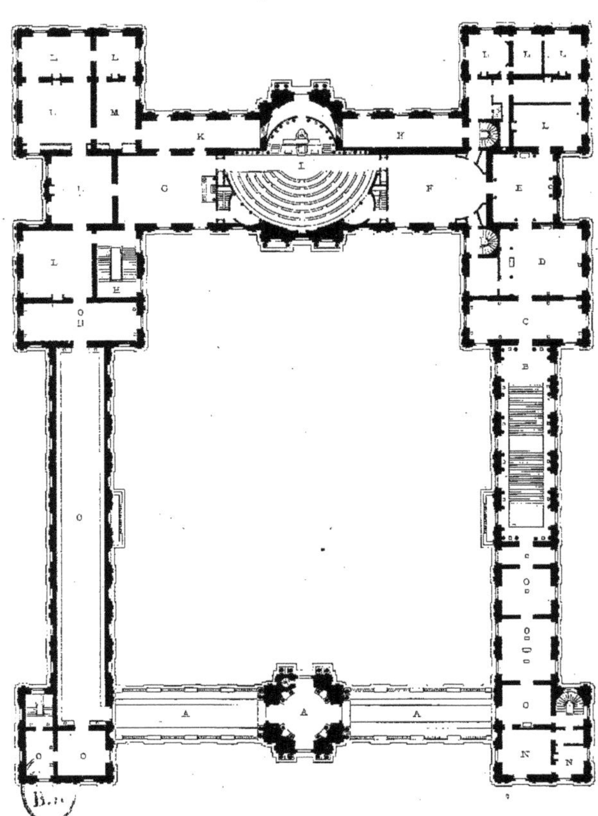

LE PALAIS DU LUXEMBOURG

SOUS L'EMPIRE ET LA RESTAURATION.

CHAPITRE TROISIÈME.

1795-1830.

Lors de la constitution de l'an IV (1795), le palais du
Luxembourg fut consacré à la demeure des cinq directeurs, et devint le siége du nouveau gouvernement. Après
la chute de ce pouvoir, le palais, d'abord destiné aux séances des consuls, reçut le nom de palais du Consulat; peu de
temps après, il devint le *palais du Sénat conservateur,* qui
en prit possession le 1er ventôse an IX (20 février 1801).
Il y tint ses séances jusqu'en 1814, époque à laquelle il
fut affecté aux séances de la Chambre des Pairs [1].

Je vais faire connaître les différents travaux modificatifs
qui y ont été exécutés depuis l'installation du Directoire,
jusqu'à la révolution de Juillet 1830. Je donnerai ensuite
un aperçu des faits historiques les plus intéressants qui s'y
sont passés pendant cette période.

Le palais, négligé par ses différents possesseurs, était
tombé dans un état de dégradation qui nécessita, de 1733

[1] Ordonnance du 4 juin 1814.

à 1736, des réparations importantes. En 1781, Chalgrin, architecte de Monsieur, avait présenté un premier projet pour la restauration complète de l'édifice, tant au dehors qu'à l'intérieur; mais les événements politiques n'en permirent point alors l'exécution. Plus tard la Convention nationale décida, au mois de brumaire an IV (octobre 1795), sur le rapport d'une commission spéciale, que le Directoire exécutif serait installé au Luxembourg. Il arrêta l'année suivante, à l'hôtel du Petit-Luxembourg, où il siégait provisoirement, les plans définitifs de son futur établissement dans le grand palais. On se mit à l'œuvre; il n'existait point de caves sous le palais, on en établit dans toute l'étendue du bâtiment principal. Cette opération, qui nécessita la reprise en sous-œuvre d'une grande partie des fondations, fut difficile et très-dispendieuse. Pendant les années VI et VII (1797 et 1798), les travaux furent poussés avec une très-grande activité. Le palais n'était plus habitable, on s'occupa des distributions intérieures des bâtiments de l'Ouest, où devaient être les appartements des cinq directeurs. A cette époque aussi on achevait la grande galerie des archives, existant aujourd'hui dans les combles, et l'on disposait, au premier étage, de grandes salles pour les Audiences, lorsque l'événement du 18 brumaire[1] fit subitement suspendre les travaux, et remettre en question la destination du palais.

Enfin, le sénat conservateur en ayant pris possession, il fallut non-seulement refondre les plans d'abord adoptés, mais aussi détruire une partie des travaux déjà faits, pour approprier le palais à sa nouvelle destination. Une fois repris, ils furent continués avec activité et achevés tant extérieurement qu'intérieurement en 1804. Ces travaux consi-

---

[1] Voir la page 82.

dérables, qui ont fait disparaître presque complétement à
l'intérieur la disposition primitive, ont été exécutés par
Chalgrin, architecte du Sénat conservateur, et sont restés
intacts jusqu'en 1836. Ils ont eu pour résultat :

A l'extérieur, dans la grande cour, la suppression de la
terrasse ou cour d'honneur qui existait entre les deux pavillons saillants du corps de bâtiment principal [1], l'établissement de deux avant-corps à colonnes, qui donnent accès,
l'un au grand escalier d'honneur, l'autre au jardin public et
aux dépendances du palais :

Dans le portique en arrière-corps de la façade sur le
jardin, la substitution de fenêtres aux arcades à jour; et
au-dessus, la construction d'un étage-galerie où sont actuellement les Petites-Archives de la Chambre; la suppression du dôme, qui, originairement, couronnait l'avant-corps
milieu de cette façade; la restauration générale des différentes façades du palais, ainsi que l'achèvement de la galerie
Est, où se trouve une collection de tableaux des peintres
vivants :

Intérieurement, au rez-de-chaussée, la suppression de
l'escalier primitif qui existait au centre du bâtiment principal, et, sur cet emplacement, la construction du vestibule
actuel à colonnes; l'établissement de différents escaliers de
service et du grand escalier d'honneur pratiqué à l'Ouest,
sur une partie de l'emplacement de l'ancienne galerie de
Rubens [2]; la distribution des appartements de réception et
d'habitation, dans la décoration desquels l'architecte s'est
appliqué à déguiser, d'une manière assez heureuse, les
énormes voûtes qui existent dans toute l'étendue du rez-de-
chaussée :

____

[1] Voir la page 36.
[2] Voir la page 37.

Intérieurement, au premier étage à l'Ouest, en partant du palier supérieur du grand escalier d'honneur, ont été établies : la salle des Gardes, celle des Huissiers [1], des Messagers d'État, celle des Conférences, et enfin la salle des séances destinée à contenir une assemblée de quatre-vingts sénateurs, dont les délibérations étaient secrètes. Cette salle, aujourd'hui convertie en salle de conseil pour les séances judiciaires de la Cour des Pairs, a été construite au centre du principal corps de bâtiment, sur l'emplacement où étaient primitivement le grand escalier et la chapelle du palais de la régente. Dans les localités situées à l'Est on a placé la salle du Trône, les salles des Commissions et les bureaux.

Plusieurs grandes compositions allégoriques ou historiques et d'autres objets d'art décoraient les principales localités du Sénat; la majeure partie de cette décoration existe encore, et je me bornerai à décrire ceux des tableaux qui ont été enlevés de la place qu'ils occupaient alors. La description des autres objets d'art encore exposés aujourd'hui à la vue du public, trouvera place à la suite de cet ouvrage dans la notice qui le termine.

Dans la salle des Conférences, le mur à droite, où existent aujourd'hui de grandes portes ouvertes sur les nouvelles localités, était entièrement couvert par une immense composition allégorique; voici la description et l'histoire assez piquante de ce tableau, enlevé et roulé en 1840 :

A droite du tableau, dans la partie supérieure, s'élève un temple au milieu duquel est un trône vacant. La Concorde et le Génie se tiennent sur les marches du sanctuaire, et portent le sceptre qui va être offert à Napoléon vain-

1 La salle des Huissiers est également connue sous le nom de *salle d'Hercule;* celle des Messagers d'État, sous celui de *salle du Silence.*

queur de l'Italie. Celui-ci s'avance sur un char triomphal précédé par la Victoire; il est couronné par l'Immortalité et assis entre la Sagesse et la Force. Sur le devant sont la Justice et la Piété : la Paix et l'Abondance accompagnent le char et conduisent, à leur suite, des Génies avec différents attributs; des femmes portent des parfums et répandent des fleurs sur le sol. Dans le même groupe, l'Histoire écrit, sous la dictée du Temps, les hauts faits de Napoléon. Les Sciences et les Arts se pressent devant le cortége, derrière lequel on voit à quelque distance, en fuite ou terrassés, la Discorde, l'Hypocrisie et le Fanatisme politique. Dans le fond du tableau, la foule paraît se livrer à l'allégresse et à la joie.

Il ne faudrait pas s'attendre aujourd'hui à retrouver la composition de ce tableau telle que je viens de la décrire : à la rentrée de la branche aînée des Bourbons, en 1814, elle a subi une mutilation au moins singulière. On a cru devoir à cette époque substituer à la figure de Napoléon celle du roi Louis XVIII : cette substitution n'était pas heureuse; aussi fut-elle loin d'obtenir l'approbation générale. L'année suivante, pendant les cent jours, on s'empressa de rétablir sur le char triomphal celui-là seul qui y avait de véritables droits. Enfin, en 1816, la figure de la *France,* accompagnée par les mêmes allégories, la Victoire et l'Immortalité, a remplacé les deux souverains tour à tour détrônés. J'ai entre les mains une notice sur le palais de la Chambre des Pairs, publiée en 1818, dans laquelle, en décrivant le tableau dont il s'agit, on dit : *Ce tableau représente, dans une composition allégorique, vaste et pompeuse, l'heureuse époque où l'un des fils de saint Louis et du grand Henri, frère de l'infortuné Louis XVI, rappelé en France par les décrets immuables de la Providence, est remonté sur le trône de ses aïeux.* Plus loin, on dit encore : « L'Histoire écrit

10

sous la dictée du temps : *Retour du Roi en France* [1]. » C'est ainsi que sans égard pour l'histoire et pour la vérité, fut altérée à plusieurs reprises, et par des mutilations ridicules, cette œuvre remarquable [2] destinée d'abord à perpétuer le souvenir de l'époque où Napoléon, triomphant et pacificateur, enrichissait nos musées des chefs-d'œuvre de l'Italie.

Le 20 mars 1811, l'impératrice Marie-Louise étant accouchée d'un fils, le titre de Roi de Rome lui fut donné par Napoléon, qui, en vertu d'un sénatus-consulte en date du 18 février de l'année précédente, avait réuni à l'empire les États de l'Église et la capitale du monde chrétien. Le Sénat, voulant consacrer la mémoire d'un événement qui semblait devoir assurer les destinées de la dynastie impériale, décida qu'une des salles du palais recevrait le nom de *Salon du Roi de Rome,* et fit exécuter en même temps, pour en former la décoration, un ameublement complet composé de huit panneaux de tenture, de canapés, de fauteuils et de chaises, sur lesquels étaient représentées des vues de Rome antique, peintes sur velours, d'après les dessins d'Auguste et Émile Vauchelet. Ce salon existe encore aujourd'hui; mais sous la restauration, époque à laquelle on fit disparaître, avec le plus grand soin, tous les emblèmes qui se rattachaient au règne de Napoléon, on s'empressa de substituer une vue du Campo-Vaccino, au panneau principal représentant, par une composition allégorique, la naissance du Roi de Rome. Cette composition importante étant détruite, je transcris ici la description assez curieuse qu'on en a conservée :

« Le Sénat, sous la figure de Minerve, s'appuie sur le ber-

---

[1] Notice sur la Chambre des Pairs, par M. Grivaud, pages 28 et 29.
[2] Cette grande composition a été exécutée par feu Renaud, membre de l'Institut.

» ceau du roi de Rome ; elle tient d'une main le symbole
» de la Prudence (emblème du Sénat conservateur), de l'autre
» celui de la Victoire et de la Paix. Le roi de Rome, couché
» sur son berceau, reçoit du Sénat l'emblème qui lui est
» offert, et devient personnellement celui de la Concorde
» et de la Paix ; près de lui est un piédestal sur lequel sont
» placés les attributs de la royauté : au milieu du piédestal
» est écrit le mot *Roma,* au centre d'une couronne de
» laurier.

» De l'autre côté de la figure de Minerve est un coffre de
» forme antique sur lequel on lit : *Constitution de l'Empire ;*
» divers attributs de la Justice se trouvent aussi groupés de
» ce côté.

» Au bas, sur le devant, Romulus et Rémus allaités par
» la louve ; elle paraît s'occuper du second fondateur de
» Rome ; quelques fragments d'architecture sur lesquels est
» écrit : S. P. Q. R.

» Dans le fond, à l'horizon, on aperçoit Rome moderne.

» Toute la composition est placée sur des nuages éclairés
» par la lumière d'un disque au milieu duquel apparaît le
» chiffre de Leurs Majestés Impériales et Royales.

» Le fond de cette Gloire est traversé par le signe du
» Bélier, sous lequel était né le roi de Rome. »

Le tableau dont il s'agit avait été exécuté d'après une
esquisse de Laffite ; il n'est pas sans intérêt d'observer qu'au
nombre des jeunes gens encore inconnus dans les arts, qui
contribuèrent à l'exécution de ce tableau, se trouvait M. Picot,
aujourd'hui membre de l'Institut.

Vers l'an 1780 on avait retiré du Luxembourg la collection
de tableaux qui y était exposée et on l'avait transportée dans
les magasins du Louvre, afin qu'elle fît partie du Musée, dont
on projetait déjà l'établissement dans la grande galerie de
ce palais ; mais, en 1805, on la replaça dans la galerie du

Luxembourg [1], et on y ajouta les marines de Joseph Vernet, celles de Hue, ainsi que tous les tableaux de la vie de saint Bruno peinte par Eustache Le Sueur; ils ornaient autrefois les portiques du petit cloître des Chartreux à Paris. Chacun de ces tableaux était alors fermé par des volets, représentant différents sites de l'admirable paysage connu sous le nom du *Désert* dans l'ancienne enceinte de la Grande-Chartreuse qui existe aux environs de Grenoble [2].

En 1815, les tableaux dont il vient d'être question furent, de nouveau, reportés dans la galerie du Louvre pour remplacer ceux des anciennes écoles, enlevés à la France par suite de l'invasion étrangère; mais en même temps il fut décidé que la galerie de peinture du palais du Luxembourg serait occupée par une collection de tableaux des peintres vivants. Cette destination lui a été conservée depuis la révolution de juillet 1830.

Les jardins du Luxembourg ont, comme le palais dont ils font partie, subi, à différentes époques, d'importants changements et des suppressions qui en ont complétement altéré la disposition primitive. On a vu plus haut que ce palais et toutes ses dépendances, comprenant l'hôtel du Petit-Luxembourg et les *communs*, avaient été donnés en apanage à Monsieur, comte de Provence. L'édit du roi Louis XVI, son frère, concernant cet apanage, est du mois de décembre 1779. Monsieur en prit alors possession, et, en vertu d'une autorisation qu'il avait obtenue le 25 mars de l'année suivante, il aliéna, en 1782, une portion considérable des jardins qui s'étendaient à l'Ouest jusqu'à la partie ancienne de la rue de Fleurus. A cette époque, ce n'était qu'une impasse connue sous le nom de cul-de-sac Notre-Dame-des-Champs, dont

---

[1] Celle où Marie de Médicis voulait faire peindre la vie allégorique de Louis XIII.

[2] Ces volets, qui ne sont pas sans intérêt, sont conservés dans les magasins du Palais de la Chambre des Pairs.

l'entrée s'ouvrait sur la rue du même nom. Le sol de cette impasse était de deux mètres environ au-dessus de la grande allée, où elle aboutissait [1]. La partie du Luxembourg aliénée par le comte de Provence occupait une surface de cent neuf mille quatre cent quarante-cinq mètres, dont vingt-deux mille quatre cent trente et un furent affectés à un projet de percement de rues à travers le terrain retranché des jardins. Ainsi furent complétement abattus, en 1782, des quinconces et des allées d'arbres centenaires, remarquables par leur belle végétation, et le jardin public fut réduit à l'Ouest aux proportions que nous lui voyons aujourd'hui.

Pendant la première révolution, on avait formé le projet d'établir, sur le terrain dont il s'agit, des cafés et des jeux publics; mais ce projet resta, comme tant d'autres, sans exécution, et cet immense terrain fut pendant environ quinze années dans un état complet d'abandon. Plus tard, on y a tracé et ouvert la partie de la rue de Fleurus qui communique à l'ancienne impasse Notre-Dame-des-Champs, celle de Jean Bart et une portion de la rue de l'Ouest aboutissant à la rue de Vaugirard. Avant la première révolution la rue de Madame existait déjà, et ses deux premières maisons ont été construites en 1788.

L'ancien parterre du jardin, beaucoup moins profond que celui d'aujourd'hui, était borné à son extrémité méridionale par le clos des Chartreux, qui, de ce côté, n'était éloigné que de deux cent trente mètres de la façade du palais. Le mur du clos coupait transversalement, vers le mi-

---

[1] En juillet 1771, les riverains de l'impasse avaient demandé et obtenu l'autorisation d'ouvrir à leurs frais une entrée sur le jardin du Luxembourg; pour assurer le succès de leur demande, ils avaient offert et donnèrent en effet, à titre de présent, une somme de 6,000 francs à l'Ecole royale de peinture et de sculpture. Le bon approbatif de Louis XV est du 21 juillet 1771.

lieu, l'emplacement du parterre où on a établi la grande pelouse de gazon de la Diane.

Lorsque la Convention nationale décida que le siége du gouvernement serait établi au Luxembourg, elle ordonna en même temps des travaux considérables, dont le but était l'agrandissement du jardin public. Vers la fin de l'an IV (1796), on détruisit, au midi, l'ancienne limite, qu'on agrandit dans toute la largeur, de l'Est à l'Ouest, d'une zone considérable de terrain prise aux dépens des bâtiments et du clos des Chartreux. On fit alors le mur de soutènement qui longe la grande pépinière. On commença en même temps, au moyen de remblais considérables, la magnifique avenue qui, de l'extrémité du parterre actuel, aboutit à l'Observatoire. En 1801, tous les arbres de la partie orientale du jardin furent renouvelés, et l'on planta entièrement la nouvelle zone de terrain provenant du clos des Chartreux. La disposition du parterre fut totalement changée. Aux murs en terrasse, aux balustrades et aux effets d'eau qui enrichissaient cette charmante décoration, succédèrent les talus en gazon et les grilles d'appui que nous voyons aujourd'hui. Les deux pelouses demi-circulaires, à droite et à gauche du bassin central, n'existaient point dans l'origine; elles furent établies aux dépens des terrasses. On remplaça l'ancien bassin octogone par une pièce d'eau plus considérable présentant un parallélogramme : au centre fut placé un groupe d'enfants supportant une vasque, et à chacun des angles un groupe moins important [1]. Le parterre ainsi modifié avait été terminé par un escalier ou perron de dix marches, orné de statues, et par une grille ouverte sur la grande avenue de l'Observatoire. En 1802, on fit restaurer complétement la grotte de Médicis,

---

[1] En 1840, le groupe principal a été replacé au centre du bassin actuel; les quatre autres sont sur les piédestaux de la grande balustrade qui termine le parterre du côté de l'allée de l'Observatoire.

dont la construction était depuis fort longtemps dans un état
de dégradation complet.

En 1810 et 1811, les remblais, successivement accu-
mulés sur l'emplacement de l'avenue de l'Observatoire,
ayant atteint à peu près la hauteur du sol du jardin, permirent enfin d'y planter les quatre rangs d'arbres qui en
sont aujourd'hui le principal ornement. Tous ces travaux
rendirent le jardin du Luxembourg une des plus belles promenades de la capitale; ils furent, comme ceux de l'intérieur du palais, exécutés par l'architecte Chalgrin. A sa
mort, son successeur, M. Baraguey, proposa et fit adopter
le projet de supprimer le perron qui existait à l'extrémité
du parterre, de changer les nivellements existants, et de
baisser le sol inachevé de la nouvelle allée, de manière à
n'avoir, depuis l'Observatoire jusqu'au palais, qu'une seule
ligne de pente sans ressaut. « Pour l'exécution de ce pro-
» jet, dit Dulaure [1], il fallait opérer plusieurs changements
» et remuer beaucoup de terrain. Ces difficultés n'arrêtè-
» rent point; la grille qui termine au midi cette avenue fut
» baissée de quelques pieds ainsi que le sol environnant.
» On établit une grille nouvelle, et celle qu'elle remplaçait
» fut employée à l'entrée de l'Observatoire, et adaptée à
» deux pavillons construits alors pour décorer cette entrée.

» Le sol de l'avenue fut, dans toute sa longueur, plus ou
» moins baissé, suivant la ligne de pente. L'abaissement fut
» plus considérable au point où cette avenue se rapproche
» du parterre. Au lieu de l'escalier de dix marches on sub-
» stitua trois marches dessinées sur un vaste plan circu-
» laire, qui se termine de chaque côté par un piédestal qui
» sert d'acrotère à des balustrades.

» On baissa ensuite le sol du parterre ainsi que celui qui

---

[1] Histoire de Paris, tome VI, pages 15 et 16.

» avoisine la façade du palais; il fallut refaire le bassin, il
» le fut sur un plan octogone et plus vaste. »

Ces travaux considérables de terrassement et de nivelle-
ment permirent, pendant les deux dernières années de
l'empire, de donner du travail à une multitude d'ouvriers
inoccupés par suite des désastres de la guerre. A la même
époque on a complétement dégagé le palais des bâtiments
accessoires qui masquaient, d'une manière choquante, les
faces latérales. On a démoli à l'Est une orangerie, et à
l'Ouest plusieurs bâtiments, à l'aide desquels on communiquait à couvert avec l'hôtel du Petit-Luxembourg; on les a
remplacés par deux grilles à jour sur la rue de Vaugirard.

CHAPITRE QUATRIÈME.

1795-1830.

A l'époque où le gouvernement directorial siégeait au Luxembourg, ce palais fut le théâtre d'une des solennités les plus imposantes et les plus glorieuses de la révolution française. C'est là, qu'au retour de sa première campagne d'Italie, le général Bonaparte présenta au Directoire le traité de paix entre la République et l'Empereur, Roi de Bohême et de Hongrie, conclu le 26 vendémiaire an VI (17 octobre 1797), à Campo-Formio près d'Udine. A cette occasion, le 20 frimaire suivant (10 décembre), le Directoire fit au vainqueur de l'Italie une réception pompeuse et triomphale. Elle eut lieu dans la cour du palais du Luxembourg. « Les direc-
» teurs étaient rangés, au fond de la cour sur une estrade,
» au pied de l'autel de la patrie, et revêtus du costume ro-
» main. Autour d'eux, les ministres, les ambassadeurs, les
» membres des deux conseils, la magistrature, les chefs
» des administrations étaient placés sur des siéges, rangés
» en amphithéâtre. Des trophées magnifiques, formés par
» les innombrables drapeaux pris sur l'ennemi, s'élevaient,

» de distance en distance, tout autour de la cour; de belles
» tentures tricolores en ornaient les murailles; des galeries
» portaient la plus brillante société de la capitale; des corps
» de musiciens étaient placés dans l'enceinte; une nom-
» breuse artillerie était placée autour du palais, pour ajou-
» ter ses détonations aux sons de la musique et au bruit des
» acclamations. Chénier avait composé, pour ce jour-là,
» l'une de ses plus belles hymnes [1]. » Bonaparte, après avoir
été harangué par M. de Talleyrand, ministre des affaires
étrangères, prit la parole, et prononça un discours à la
suite duquel il remit au Directoire le traité de Campo-
Formio.

On a vu précédemment que le palais du Luxembourg avait
servi de demeure aux cinq directeurs chargés du pouvoir
exécutif. A l'époque de la journée connue sous le nom de
18 brumaire, les cinq directeurs en fonctions, et que, par
dérision, Napoléon appelait les *cinq rois à terme,* à cause
du renouvellement que le Directoire devait subir tous les
cinq ans, étaient : Barras, Siéyès, Roger-Ducos, Gohier
et Moulins. Un seul d'entre eux, Barras, habitait le Luxembourg, au premier étage, dans le pavillon de l'Ouest, sur la
rue de Vaugirard [2]. Les quatre autres n'ayant pu trouver place
dans les anciens appartements entièrement dégradés alors,
occupaient, à l'hôtel du Petit-Luxembourg, les appartements
au rez-de-chaussée, et au premier étage de l'aile à droite [3].
Les audiences se tenaient dans les grands appartements de
réception, encore existants, du même hôtel.

C'est au Luxembourg que furent préparés et arrêtés les
événements du 18 brumaire an VIII (9 novembre 1799).
On sait qu'à son retour de l'armée d'Égypte, Bonaparte,

---

[1] *Thiers*, Histoire de la Révolution française, tome IX, page 378.

[2] Où sont aujourd'hui les bureaux de la caisse et les petites pièces du Musée.

[3] Où sont aujourd'hui les appartements d'habitation de M. le chancelier Pasquier.

après avoir sondé tous les partis pour se placer à la tête de celui qui lui offrirait le plus de garanties pour son élévation, s'unit étroitement avec Siéyès pour renverser le Directoire. On sait également que l'alliance de ces deux hommes de caractères si opposés, eut lieu le 8 brumaire (30 octobre), à la suite d'un dîner que Bonaparte avait accepté au Luxembourg, chez Barras. N'ayant pu s'entendre avec celui-ci, Bonaparte, avant de quitter le Luxembourg, se rendit chez Siéyès, et vint lui déclarer qu'il voulait marcher seul avec lui. Le 15 du même mois, en sortant d'un banquet donné par les Conseils à Bonaparte, dans l'église de Saint-Sulpice, qu'on appelait alors le *Temple de la Victoire,* le général alla de nouveau au Petit-Luxembourg, où l'on arrêta définitivement le plan et les moyens d'exécution du complot. On avait gagné Roger-Ducos; on comptait également sur Barras; quant à Gohier et Moulins, à qui on avait donné avis de la conjuration, ils refusaient d'y croire. Enfin, le 18 au matin, au moment où s'accomplissaient les faits qui allaient renverser le Directoire, Bonaparte, sous prétexte de veiller à la sûreté des directeurs, fit cerner toutes les avenues du Luxembourg, par cinq cents hommes sous les ordres du général Moreau. C'est alors seulement que Gohier et Moulins reconnurent la réalité de la conjuration qu'ils n'avaient pas su prévenir. Après avoir été étroitement gardés dans leurs appartements pendant la journée du 18, ils eurent le soir la liberté de se retirer. Barras, qu'on avait facilement gagné, s'esquiva et obtint de Bonaparte une escorte de cent hommes pour se rendre en sécurité à sa terre de Grosbois.

Les principaux événements dont le Luxembourg a été témoin aux beaux jours du règne de Napoléon, offrent une série de glorieux épisodes, dont le souvenir doit flatter encore notre orgueil national; mais les limites et l'objet de cet ouvrage ne permettent point de les décrire tous, même d'une manière succincte. Forcé de choisir, je dois me borner à quelques faits qu'il est impossible de passer sous silence.

Ce fut de l'ancienne salle des séances du palais, que partit le signal de cette révolution pacifique qui plaça la couronne sur la tête de Napoléon. Les sénateurs délibérèrent, le 6 germinal an XII (27 avril 1804), sur une adresse au premier consul, dans laquelle ils prirent en ces termes l'initiative officielle de son élévation au trône : « Vous fon» dez une ère nouvelle, mais vous devez l'éterniser; l'éclat » n'est rien sans la durée..... nous ne saurions douter que » cette grande idée ne vous ait occupé, car votre génie » créateur embrasse tout et n'oublie rien; mais ne différez » point.... grand homme, achevez votre ouvrage en le ren» dant immortel comme votre gloire. Vous nous avez tirés » du chaos du passé, vous nous faites bénir les bienfaits du » présent, garantissez-nous l'avenir!! » On sait la suite, on sait comment le Consulat fit bientôt place au régime impérial [1].

Une autre séance solennelle eut lieu au Luxembourg, le 1er janvier 1806, à l'occasion de la capitulation d'Ulm et de la bataille d'Austerlitz; elle complète le tableau déjà décrit de la grande scène du traité de Campo-Formio.

Cette scène imposante avait pour objet la réception et l'inauguration de cinquante-quatre drapeaux ennemis, dont Napoléon avait fait don au Sénat, après une guerre commencée et finie en moins de soixante jours. Dès le matin, une foule avide de contempler et de saluer de ses acclamations ces trophées dus à la bravoure de la *grande armée* et

---

[1] Bonaparte fit venir le pape de Rome à Paris, et se fit sacrer par lui le 11 frimaire an XII (2 décembre 1804), sous le nom de Napoléon Ier, empereur des Français.

au génie de son chef, encombrait les rues qui conduisaient du Tribunat au Luxembourg.

A midi, les membres du Sénat se réunissent en grand costume, sous la présidence du prince Joseph, grand-électeur et frère de Napoléon. Le prince archichancelier et les autres ministres sont présents; les tribunes sont occupées par les grands-officiers de l'empire, par les membres du corps diplomatique, du conseil d'État, du corps législatif, des différentes cours et tribunaux; par des officiers des maisons impériales et par un grand nombre de fonctionnaires publics. La foule des spectateurs remplit les différentes pièces qui précèdent la salle des séances.

On annonce l'arrivée du Tribunat. Il est reçu au haut du grand escalier d'honneur par une députation de huit membres, composée des sénateurs Roger-Ducos, Rousseau, Saint-Martin, Lamotte, Saint-Vallier, Saur, Sers, Serrurier et Siéyès. Le Tribunat, précédé de ses messagers d'État et de cinquante-quatre officiers de différents corps, portant un pareil nombre de drapeaux, est introduit dans la salle des séances au bruit des fanfares militaires; les officiers porteurs des drapeaux se rangent en demi-cercle au fond de la salle, derrière le dernier rang des sénateurs.

Le président du Tribunat, Fabre de l'Aude, ayant obtenu la parole, expose la mission dont l'empereur a chargé le Tribunat.

Après avoir répondu à ce discours, le prince Joseph invite, au nom du Sénat, les membres du Tribunat à assister à la séance; puis, sur la proposition du maréchal Pérignon, de Garat et de Lacépède, le Sénat décide, séance tenante, l'érection d'un monument triomphal à Napoléon; il est arrêté en même temps qu'on gravera sur une table de marbre, la lettre par laquelle l'empereur fait don au Sénat des drapeaux conquis par l'armée française. Voici cette lettre :

« Sénateurs,

» Je vous envoie quarante drapeaux conquis par mon ar-
» mée dans les différents combats qui ont eu lieu depuis celui
» de Wertingen ; c'est un hommage que moi et mon armée fai-
» sons aux sages de l'empire, c'est un présent que des enfants
» font à leurs pères. Sénateurs, voyez-y une preuve de ma
» satisfaction pour la manière dont vous m'avez constamment
» secondé dans les affaires les plus importantes de l'empire.
» Et vous, Français, faites marcher vos frères ; faites qu'ils
» accourent combattre à mes côtés, afin que, sans effusion
» de sang, sans efforts, nous puissions repousser loin de
» nous toutes les armées que forme l'or de l'Angleterre, et
» confondre les auxiliaires de l'oppresseur des mers. Séna-
» teurs, il n'y a pas encore un mois que je vous ai dit que
» votre Empereur et son armée feraient leur devoir ; il me
» tarde de pouvoir dire que mon peuple a fait le sien. Depuis
» mon entrée en campagne, j'ai dispersé une armée de cent
» mille hommes ; j'en ai fait près de la moitié prisonnière ; le
» reste est tué, blessé ou déserté, et dans la plus grande con-
» sternation. Ces succès éclatants, je les dois à l'amour de
» mes soldats, à leur constance à supporter les fatigues ; je
» n'ai pas perdu quinze cents hommes tués ou blessés. Séna-
» teurs, le premier objet de la guerre est déjà rempli, l'élec-
» teur de Bavière est déjà rétabli sur son trône. Les injustes
» agresseurs ont été frappés comme par la foudre ; et avec
» l'aide de Dieu, j'espère dans un court espace de temps triom-
» pher de nos ennemis.

» Signé : NAPOLÉON.

» Pour l'Empereur,

» Le Secrétaire d'État,

» Signé : H.-B. MARET.

» De mon camp impérial d'Elchingen, le 26 vendémaire an XIV. »

Suivant le vœu du Sénat, la lettre qui précède fut en effet gravée en caractères d'or, sur une table de marbre que l'on vit, pendant toute la durée de l'empire, figurer dans la salle des séances, au milieu des drapeaux d'Ulm et d'Austerlitz. A la suite de cette lettre, on lit ce qui suit : « Les quarante drapeaux et quatorze autres ajoutés aux » premiers par Sa Majesté, ont été apportés au Sénat par » le Tribunat en corps, et déposés dans cette salle, le mer- » credi 1ᵉʳ janvier 1806. »

Après les désastres de 1814, au moment où la France succombait sous les coups réunis de l'Europe coalisée contre elle, ces trophées, obtenus au prix du sang de nos armées, furent cachés et soustraits aux regards jusqu'à la révolution de Juillet 1830, époque à laquelle on les replaça dans l'ancienne salle des séances.

La séance que je viens de décrire m'a paru mériter quelques développements, parce qu'elle résume une des plus belles pages de nos gloires militaires, et aussi parce que, sous l'empire, elle eut pour résultat de faire élever au centre de la place Vendôme, la colonne de bronze, à la gloire de la grande armée d'Ulm et d'Austerlitz [1].

A ce qui précède, je crois devoir ajouter le récit d'une

---

[1] Cette colonne a été élevée en 1806. Elle avait été décrétée par un arrêté du 8 vendémiaire an XII (septembre 1803) en l'honneur du peuple français, représenté par quatre-vingt-dix-sept départements ; une statue de Charlemagne devait la surmonter. La nouvelle destination donnée à ce monument ne permettait plus de le couronner par la statue du chef de la race carlovingienne ; on y plaça celle de Napoléon. Sur la lanterne qui surmonte cette colonne et sert de piédestal à la statue, on lit l'inscription suivante gravée sur le bronze :

MONUMENT ÉLEVÉ À LA GLOIRE DE LA GRANDE ARMÉE

PAR NAPOLÉON-LE-GRAND,

COMMENCÉ LE 18 AOUT 1806, TERMINÉ LE 15 JANVIER 1810,

SOUS LA DIRECTION DE D.-V. DENON.

MM. J.-B. LEPÈRE ET L. GONDOIN ARCHITECTES.

fête militaire, donnée vers la même époque et à la même occasion par le Sénat. A la suite du traité de paix avec l'Autriche, signé à Presbourg le 26 décembre 1806, Napoléon avait dit, dans une proclamation adressée à ses troupes : « Je donnerai une grande fête, aux premiers jours de mai, » à Paris, vous y serez tous ; et après, nous irons où nous » appelleront le bonheur de notre patrie et les intérêts de no- » tre gloire. » Cependant, par suite des événements politiques, ces fêtes n'eurent lieu que l'année suivante. Le Sénat, voulant contribuer à leur éclat, donna dans son palais et dans ses jardins une fête triomphale à la grande armée, et pour célébrer le retour de la garde impériale, après les campagnes de 1806 et de 1807. Cette fête eut lieu le 28 novembre 1807.

En face du palais s'élevait un temple à la Victoire, au centre duquel était la statue de l'empereur.

Dans toutes les parties du Luxembourg, des trophées militaires disposés avec art, et liés par des guirlandes de laurier, portaient des inscriptions commémoratives des batailles et des siéges qui avaient rempli ces immortelles campagnes.

Sur différents points du jardin, des salles de danse étaient ouvertes, d'immenses buffets y étaient préparés.

A une heure après midi, des pelotons de tambours et des groupes de trompettes, sortis du palais, parcoururent les quartiers du Luxembourg en sonnant des fanfares. Rentrés par la porte de la grande cour, ils allèrent se placer sur les deux terrasses, à côté du dôme, et y exécutèrent des airs de triomphe.

Des corps de musique militaire, disposés dans le perron, faisaient succéder l'harmonie à l'éclat des fanfares.

A deux heures, les officiers de la garde impériale furent reçus dans le palais, ainsi que les personnes invitées par le Sénat. Les princes grands-dignitaires de l'empire, les ministres, les maréchaux de l'empire présents à Paris, les grands officiers de la couronne, et une foule d'autres fonctionnaires, appartenant à l'autorité civile et militaire, faisaient partie de ce cortége.

En recevant la députation de la garde impériale, le sénateur Lacépède, président du Sénat, prononça un discours qui commençait ainsi : « Le Sénat vient au-devant de vous; » il aime à voir les dignes représentants de la grande armée » remplir ses portiques. Il se plaît à se voir entouré de ces » braves qui ont combattu, avec tant de gloire, à Auster-» litz, à Iéna, à Eylau, à Friedland, de ces favoris de la » Victoire, de ces enfants chéris du Génie qui préside aux » batailles, » etc., etc.

A la suite de ce discours, accueilli par les plus vives acclamations et par les cris de : *Vive l'Empereur !* on ouvrit, à trois heures, au bruit d'une nombreuse musique militaire, un banquet préparé dans la grande galerie du Musée et les salles voisines, pour les notabilités civiles et les officiers de l'armée.

Au même moment commençaient, dans les salles élevées à l'extérieur, le banquet donné à la députation des soldats de la grande armée, et les réjouissances de toutes sortes qui avaient été préparées pour cette solennité. A la nuit, le palais, les salles de bal, les tentes décorées de guirlandes, furent illuminés de la manière la plus brillante.

Enfin, cette fête se termina par un feu d'artifice et par l'ascension de ballons lumineux chargés d'emblèmes allégoriques. Elle avait été, dit-on, fort bien ordonnée : on n'avait reculé devant aucune dépense pour la rendre digne de son objet; mais il faut convenir que, pour une fête dont la plus grande partie devait avoir lieu dans un jardin, l'époque de l'année était bien mal choisie; aussi cette partie des réjouissances fut-elle singulièrement contrariée par le froid et par une neige abondante et continuelle.

Il n'est pas sans intérêt de remarquer que cette fête triomphale et ce repas militaire, donnés par le Sénat, eurent lieu sur l'emplacement même où, quinze siècles avant, les troupes romaines avaient célébré, par un repas nocturne, l'élévation de Julien, qu'elles venaient de nommer empereur [1].

Antérieurement à la fête qui vient d'être décrite, deux autres fêtes avaient eu lieu dans le jardin du Luxembourg. l'une le 13 décembre 1804, à l'occasion du couronnement de l'empereur, l'autre au 14 août 1806, à sa fête. Elles ne m'ont pas paru mériter d'être décrites. Depuis celle du 28 novembre 1807, on s'est borné, et on se borne encore aujourd'hui, pour chaque anniversaire célébré par nos usages, à l'illumination générale de la façade du palais sur la rue de Tournon.

Après les désastres de 1814, et au retour des Bourbons, l'institution du Sénat a été remplacée par la Chambre des Pairs, en vertu d'une ordonnance royale, signée par Louis XVIII et promulguée le 4 juin 1814.

Depuis cette époque jusqu'à la révolution de Juillet 1830, le palais et les jardins n'ont subi ni modification, ni agrandissement, mais l'une des salles du rez-de-chaussée a été, en 1817, richement décorée, au moyen de fragments de peintures conservées jusqu'alors en magasin. On la connaît sous le nom de *Salle du Livre d'Or,* parce que, sous la restauration, elle était destinée à contenir les titres de la pairie alors héréditaire.

A l'époque où le Directoire fit exécuter pour son instal-

---

[1] Voir l'Introduction, page 10.

lation des travaux considérables dans l'enceinte du palais, l'architecte Chalgrin avait recueilli avec soin les boiscries et des panneaux qui ornaient jadis, entre autres appartements, l'oratoire et les archives de la régente Marie de Médicis. Il obtint en même temps l'autorisation de prendre dans les magasins du Louvre d'autres boiseries peintes en arabesques, qu'il avait, dit-on, l'intention de réunir et d'employer utilement au Luxembourg; mais ce projet resta sans exécution. Ce n'est qu'en 1817 que l'un de ses successeurs eut l'heureuse inspiration de tirer de l'oubli, ou pour mieux dire de sauver d'une destruction complète ces précieux fragments, en les faisant servir à la décoration de la salle du *Livre d'Or*. Les principales peintures qui entrent dans cette décoration, fort remarquable sous le rapport de l'art, sont de différents maîtres [1].

La salle dont il s'agit échappe à toute description; on ne donnerait qu'une idée imparfaite du talent et du goût que l'artiste ordonnateur des travaux, feu M. Provost, a déployés dans une tâche difficile. Elle est l'objet d'une attention toute particulière de la part des étrangers qui visitent le palais du Luxembourg [2].

Je l'ai dit plus haut, les limites de cet ouvrage s'opposent à ce que je rappelle le souvenir de tous les faits qui ont eu lieu au Luxembourg. Aussi n'entreprendrai-je pas de rendre un compte détaillé des procès qui, sous la restauration de 1814 à 1830, ont été jugés dans l'ancienne salle des séances par la Chambre des Pairs, constituée en cour de justice; ils sont au nombre de sept. Cependant l'un d'entre eux eut un trop grand retentissement et une trop déplorable cé-

---

[1] Voir la Notice explicative des objets d'art.

[2] Les travaux de toute nature exécutés pour la décoration de la salle du *Livre d'Or* ont coûté 57,000 francs.

lébrité pour être passé sous silence : celui du maréchal Ney, jugé en 1815, après les cent-jours.

Resté fidèle jusqu'au dernier moment à l'Empereur, à qui il devait son élévation, le maréchal Ney avait ensuite accepté un commandement sous Louis XVIII, qui l'avait aussi élevé à la dignité de Pair. Chargé par ce prince de s'opposer à la marche de Napoléon, sorti de l'île d'Elbe au mois de mars 1815, Ney, entraîné par le souvenir du passé, a la faiblesse d'adresser à ses troupes, à Lons-le-Saulnier, une proclamation en faveur de Napoléon, et se réunit à lui à Auxerre, par une défection que devait peut-être excuser la reconnaissance. Après la désastreuse campagne de Waterloo, où il acquit de nouveaux titres au surnom de *brave des braves* que lui avait donné l'armée, le malheureux maréchal est arrêté comme traître, par ordre de Louis XVIII, et traduit devant une commission militaire qui se déclare incompétente, puis devant la Cour des Pairs qui le reconnaît coupable à une immense majorité.

Pendant les débats de ce triste drame, le maréchal Ney avait pour prison l'ancien cabinet du bibliothécaire, situé à l'extrémité Ouest de la grande galerie des Archives du palais. La porte ouverte sur l'escalier par lequel on le conduisait à l'audience, conserve encore le guichet en fer pratiqué alors pour donner vue dans la chambre du prisonnier. La veille de l'exécution de l'arrêt, le maréchal avait reçu les adieux de sa femme et de ses enfants : sa mort ne démentit pas le courage qu'il avait constamment déployé pendant sa longue carrière. Après avoir reçu les consolations de la religion, il descendit dans le jardin du Luxembourg où l'attendait une voiture de place. A l'instant d'y monter, le curé de Saint-Sulpice, qui s'était chargé de la douloureuse mission de l'assister, voulut se faire précéder par le maréchal : *Montez le premier, monsieur le curé, dit celui-ci, j'arriverai là-haut avant vous.* Il fut fusillé le 7 décembre 1815, vers huit heures du matin, à l'extrémité extérieure de l'allée de l'Observatoire, contre le mur de clôture que l'on rencontre à gauche en franchissant la grille de cette allée [1].

Ainsi finit à l'âge de 46 ans, malgré les éloquents efforts de ses défenseurs MM. Berryer père et Dupin aîné, le maréchal Ney, prince de la Moscowa, duc d'Elchingen et pair de France, né à Sarrelouis en 1769. Fils d'un simple artisan, sa rare intrépidité et sa capacité militaire lui avaient, pendant la première révolution et sous l'empire, procuré une élévation rapide et méritée. Un châtiment terrible a enlevé à la France cette existence qui compta vingt années de gloire et un seul jour de faiblesse et d'entraînement [2].

La vérité historique force encore de rappeler le procès de Louvel. Le 13 février 1820, le duc de Berry, fils du comte d'Artois, sortait du théâtre de l'Opéra et montait en voiture, lorsqu'il fut frappé d'un coup de poignard par un fanatique. Ce malheureux prince expira le lendemain dans la matinée. Son assassin était Louvel, né à Versailles, en 1783, et fils d'un pauvre mercier. Grand admirateur de Napoléon, il l'avait suivi à l'île d'Elbe, à Waterloo et à Rochefort. Revenu à Paris, il forma le projet d'assassiner toute la famille royale, et, dans le but de trouver une occasion favorable à ses sinistres desseins, il sollicita et obtint un emploi dans la sellerie du Roi. Arrêté, presque au moment de son crime, rue Richelieu, sous l'arcade Colbert, où il s'était caché, il fut traduit devant la Cour des Pairs. Pendant la durée des débats de son procès il montra, du moins en apparence, une grande tranquillité d'esprit; il la conserva jusqu'au moment

---

[1] Le mur de clôture du restaurant de la Chartreuse.

[2] Voir la Vie du maréchal Ney avec l'Histoire de son Procès. Paris, 1815, in-8º.

de son exécution, qui eut lieu le 7 juin 1820[1]. Louvel, pendant sa détention au Luxembourg, a occupé, dans le palais même, le cabinet où se tient le chancelier de France, avant l'heure des séances de la Chambre des Pairs.

[1] Voir l'Histoire de son Procès, par Mejcau. Paris, 1820, 2 vol. in-8°.

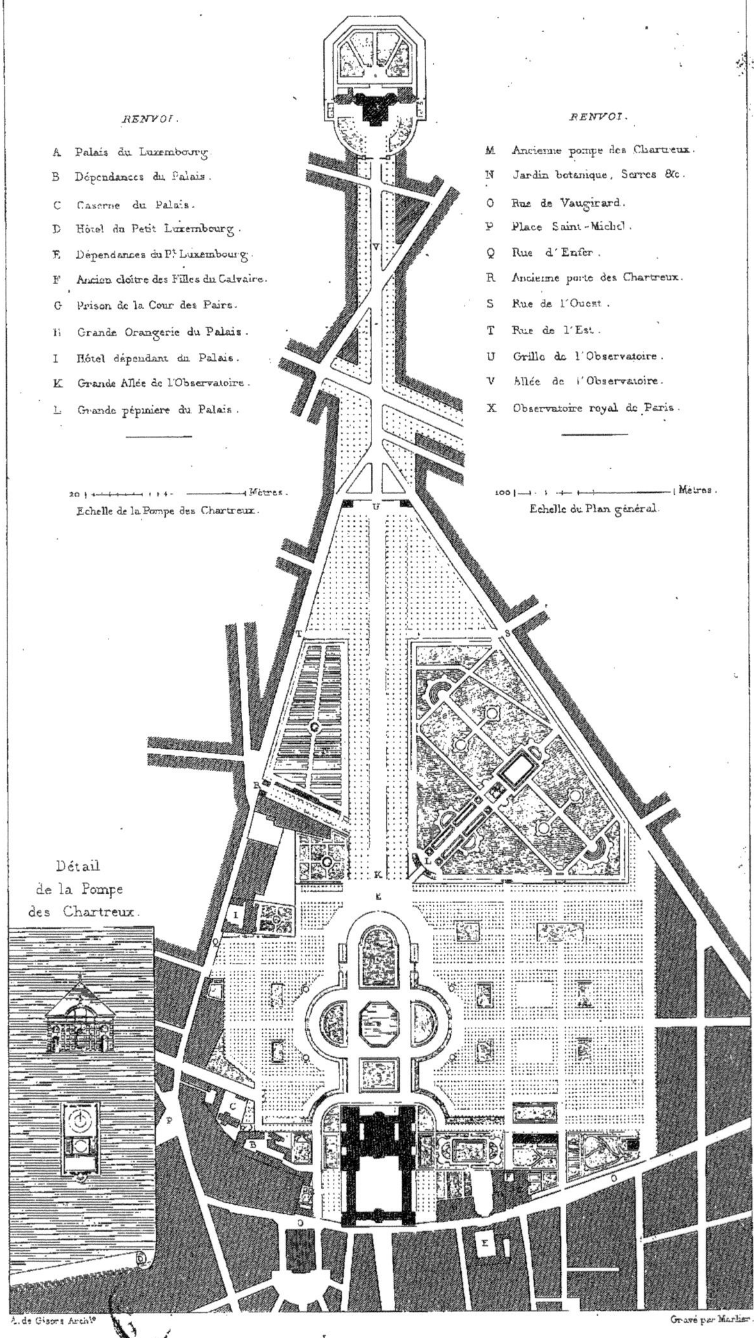

PLAN GÉNÉRAL
comprenant l'Observatoire Royal.

RENVOI.

A Palais du Luxembourg.
B Dépendances du Palais.
C Caserne du Palais.
D Hôtel du Petit Luxembourg.
E Dépendances du P.t Luxembourg.
F Ancien cloître des Filles du Calvaire.
G Prison de la Cour des Pairs.
H Grande Orangerie du Palais.
I Hôtel dépendant du Palais.
K Grande Allée de l'Observatoire.
L Grande pépinière du Palais.

RENVOI.

M Ancienne pompe des Chartreux.
N Jardin botanique, Serres &c.
O Rue de Vaugirard.
P Place Saint-Michel.
Q Rue d'Enfer.
R Ancienne porte des Chartreux.
S Rue de l'Ouest.
T Rue de l'Est.
U Grille de l'Observatoire.
V Allée de l'Observatoire.
X Observatoire royal de Paris.

20 Mètres.
Echelle de la Pompe des Chartreux.

100 Mètres.
Echelle du Plan général.

Détail
de la Pompe
des Chartreux.

A. de Gisors Arch.te

Gravé par Marlier.

LE PALAIS DU LUXEMBOURG
SOUS LOUIS PHILIPPE PREMIER.

PLAN DU REZ DE CHAUSSÉE.

Côté du Jardin.

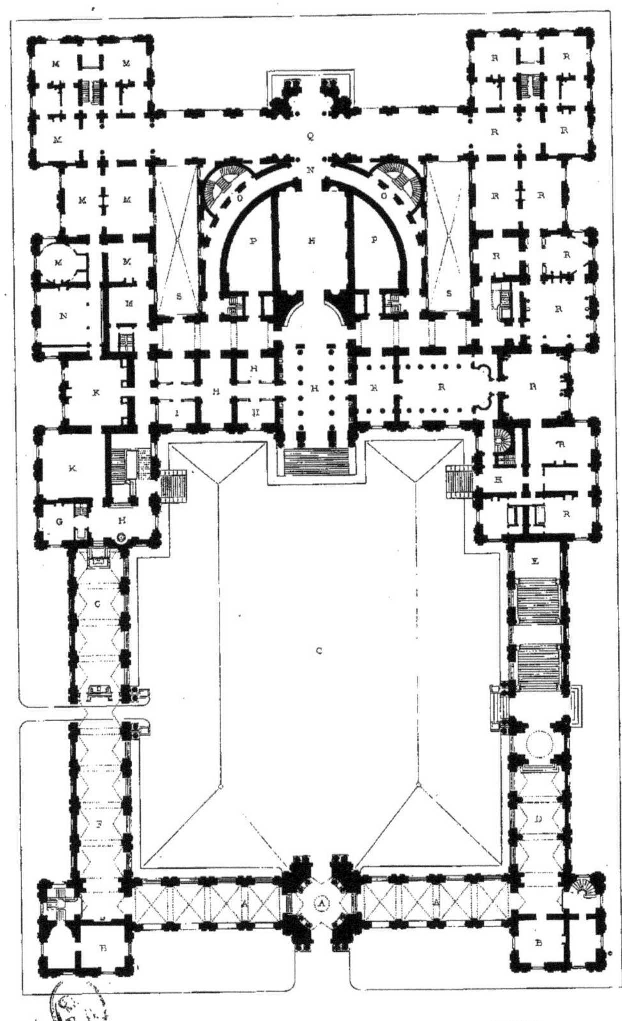

RENVOI.

A   Porche et Galeries d'entrée.
B   Logements de concierges.
C   Grande Cour d'honneur.
D   Vestiaire de MM. les Pairs.
E   Grand Escalier d'honneur.
F   Poste réservé pour les procés.
G   Chapelle et Sacristie.
H   Vestibules et logement du Suisse
J   Petit Vestiaire des Princes.

RENVOI.

K   Salons d'attente des mariages.
L   Salle dite du Livre d'or.
M   Pièces réservées aux procés.
N   Couloirs de communication.
O   Escaliers allant aux tribunes.
P   Chambres de service du calorifère.
Q   Galerie servant de petite Orangerie.
R   Appartemᵗˢ de M. le Gᵈ Référendaire.
S   Cours réservées au service.

Echelle de |⊢⊢⊢⊢⊢⊢⊢⊢⊢⊢⊢| 40 Mètres.

LE PALAIS DU LUXEMBOURG.
SOUS LOUIS PHILIPPE PREMIER.

Gravé par Martier.

Côté du Jardin.

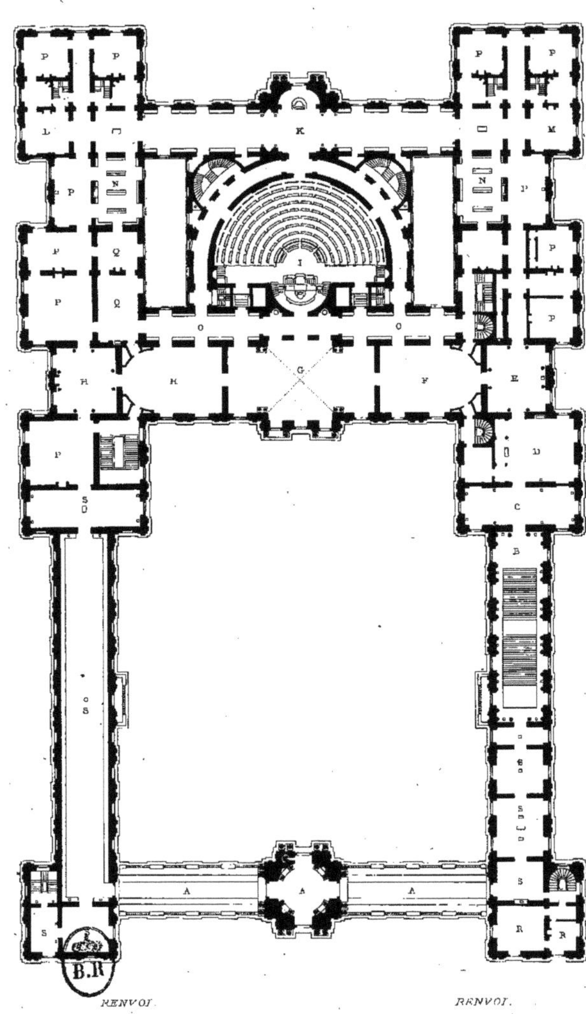

LE PALAIS DU LUXEMBOURG
SOUS LOUIS PHILIPPE PREMIER.

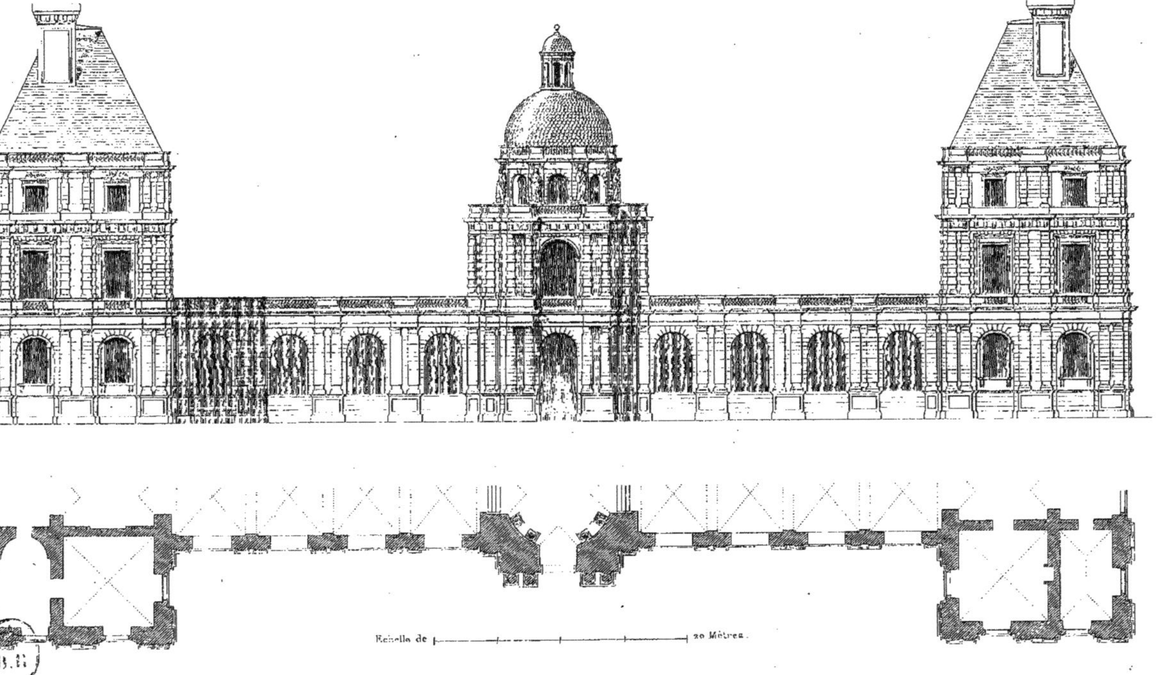

ÉLÉVATION PRINCIPALE
du côté de la Rue de Tournon.
Échelle de 20 Mètres.
LE PALAIS DU LUXEMBOURG
SOUS LOUIS PHILIPPE PREMIER.
A. de Gisors Arch.
Gravé par Morher et J. Huguenet.

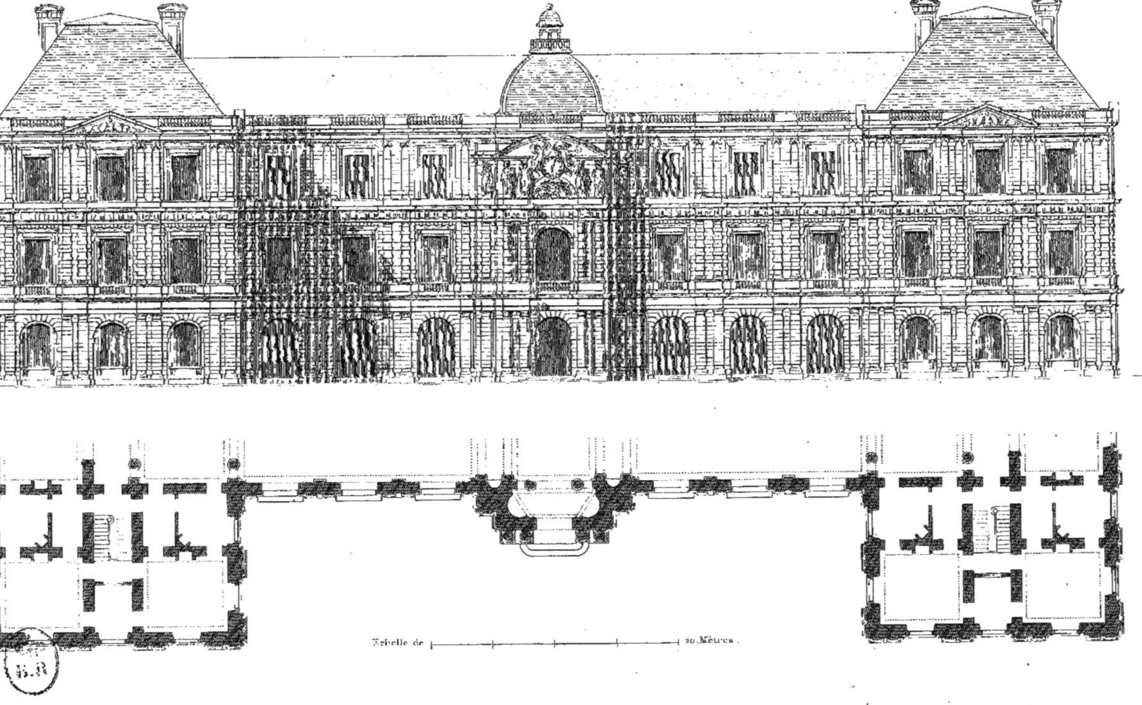

LE PALAIS DU LUXEMBOURG
SOUS LOUIS PHILIPPE PREMIER.

MÉDAILLE FRAPPÉE

SOUS LOUIS-PHILIPPE PREMIER

MÉDAILLE FRAPPÉE

SOUS LOUIS-PHILIPPE PREMIER

CHAPITRE CINQUIÈME.

1830 à 1845.

L'ancienne salle des Séances du palais du Luxembourg avait été, ainsi qu'on l'a vu précédemment, construite pour le Sénat conservateur, qui l'occupa en 1804; les séances n'en étaient point publiques. Le Sénat ne se composait dans l'origine que de quatre-vingts membres : la salle suffisait pour les contenir. En 1814 la Chambre des Pairs prit possession du palais [2]. L'assemblée, beaucoup plus nombreuse que la précédente, put à peine trouver place dans cette salle, et, en outre, la publicité des séances nécessita l'établissement de tribunes provisoires, qui rétrécirent encore une enceinte déjà trop étroite pour sa nouvelle destination.

Vers la fin de 1834, lorsqu'il s'agit de déférer à la Cour des Pairs le procès politique d'avril, M. Thiers, ministre de l'intérieur, reconnut l'impossibilité d'ouvrir les débats dans le lieu ordinaire des Séances, et fit dresser immé-

[1] Tous les travaux compris dans cette période ont été exécutés d'après les dessins et sous la direction de l'auteur de cet ouvrage.

[2] Ordonnance du 14 juin 1814.

diatement deux projets : l'un pour l'établissement d'une salle provisoire, en charpente, dont la dépense était estimée trois cent mille francs [1]; elle devait être construite en deux mois : l'autre, combiné de manière que les constructions pussent à la rigueur être définitives et élevées en six mois, devait coûter douze cent mille francs. L'urgence fit donner la préférence au premier projet, dont les constructions considérables, commencées le 1ᵉʳ février 1835, furent complétement achevées le 5 avril suivant. Cette salle, entourée de toutes les dépendances nécessaires, a contenu douze cents personnes pendant les débats du procès d'avril. A la même époque, l'ancien couvent des Filles du Calvaire, devenu depuis longtemps un quartier de cavalerie, fut entièrement évacué par les troupes, et converti, au moyen de travaux provisoires assez considérables, en prison où furent successivement détenus les accusés d'avril au nombre de cent vingt et un, ceux de l'attentat du 28 juillet 1835, Fieschi, Pepin, Moret et Boireau; puis Alibaud, Meunier, Laity, Barbès, le prince Louis et ses coaccusés, l'assassin Darmès, et enfin Quénisset. Antérieurement (en novembre et décembre 1830) les débats du procès des ministres de Charles X, MM. de Polignac, de Peyronnet, de Chantelauze et de Guernon-Ranville avaient eu lieu dans l'ancienne salle des Séances.

A l'issue des deux procès d'avril et de Fieschi, la Chambre des Pairs, sentant de plus en plus la nécessité d'une installation définitive, fit dresser, sur la proposition de son grand-référendaire, M. le duc Decazes, le projet complet d'une salle entourée de toutes les dépendances nécessaires, soit en cas de procès, soit pour les séances législatives. Ce projet, dont le devis s'élevait à deux millions, fut porté à deux

---

[1] Cette somme ne comprenait que la location des matériaux de toutes sortes.

millions six cent mille francs par suite de modifications qui avaient été indiquées par le conseil général des bâtiments civils.

C'est dans cet état que le projet fut présenté à la Chambre des Députés. Tout en approuvant les améliorations proposées, une commission spéciale en indiqua de nouvelles et renvoya les plans à l'étude. Enfin un dernier projet, complété suivant le vœu exprimé par cette commission et soutenu par le ministre de l'intérieur [1], fut approuvé par les Chambres, et la mise à exécution décidée par une loi du 15 juin 1836. Les travaux, adjugés le 9 juillet de la même année, furent commencés en septembre suivant, sur l'emplacement de la salle provisoire, et complétement terminés le 1ᵉʳ janvier 1841.

Ainsi cinq projets avaient été successivement présentés pour le même objet, savoir :

Un projet de salle provisoire, montant à trois cent mille francs, et mis à exécution ;

Un projet de salle définitive, montant à douze cent mille francs, non approuvé ;

Un autre projet, montant à deux millions, non approuvé ;

Un quatrième projet, montant à deux millions six cent mille francs, renvoyé à l'étude par une commission de la Chambre des Députés ;

Enfin un cinquième et dernier projet approuvé, montant à trois millions, et dont l'exécution a ajouté au vieux palais les constructions considérables que nous voyons aujourd'hui [2].

Les travaux, commencés à la fin de 1836, comprenaient déjà, vers le milieu de 1839, toutes les grosses constructions

---

[1] M. le comte de Montalivet.

[2] Il faut ajouter à la somme de trois millions celle de huit cent mille francs qu'ont coûté les peintures et les sculptures monumentales des nouvelles localités.

13

extérieures et intérieures, lorsque, à cette époque, tout fut subitement interrompu par suite du procès des 12 et 13 mai. Les bâtiments inachevés reçurent alors une appropriation provisoire qui permit d'y ouvrir les débats de la seconde catégorie d'accusés, au nombre de trente et un; la première avait été jugée dans l'ancienne salle [1]. Repris au mois de février 1840 et poussés avec activité, les travaux furent de nouveau suspendus au mois d'août suivant, la salle ayant été encore une fois jugée nécessaire aux débats d'un nouveau procès, celui de l'attentat de Boulogne [2]. Ensuite ils furent achevés sans interruption.

La nouvelle salle a vingt-huit mètres de diamètre sur dix-sept de profondeur : c'est-à-dire, quatre mètres environ de moins en largeur que la salle des Députés. Elle est, contrairement à l'usage suivi jusqu'à présent, éclairée par des jours verticaux; elle peut contenir trois cents places environ pour les Pairs, et à peu près quatre cents pour les Députés, le public et les journalistes.

La disposition intérieure présente, à la hauteur des tribunes, trois grandes arcades formant pénétration dans la voûte; elles sont elles-mêmes subdivisées par des colonnes, entre lesquelles sont les tribunes publiques et celle des journalistes. La tribune des orateurs, le bureau du président et ceux des secrétaires sont placés dans un hémicycle adossé à l'ancienne salle, convertie en salle des délibérations pour les procès politiques.

La communication entre la salle des séances et celle des délibérations a lieu par deux portes principales ; trois autres portes moins importantes établissent, au moyen d'un vaste couloir circulaire, des débouchés entre les anciennes et les

1 Dix-huit accusés.
2 Dix-neuf accusés.

nouvelles localités. Deux grands escaliers demi-circulaires, partant du rez-de-chaussée, donnent accès aux tribunes publiques.

Placée de plain-pied avec le premier étage, la salle des séances se joint, du côté du jardin, à une vaste bibliothèque, et, du côté du vieux palais, touche à la petite galerie dite des archives. Cette disposition rend prompts et faciles les communications et l'envoi des documents demandés pendant les séances. De nombreux dégagements ouverts dans toutes les parties du premier étage, facilitent le service des localités spécialement affectées à la Chambre des Pairs.

Au même étage sont également placés : les bureaux de la Chambre, les salles des commissions, des salons de travail à chacune des extrémités de la grande bibliothèque, le cabinet du chancelier président et celui du grand référendaire, la salle de lecture des journaux, et enfin tous les escaliers de service.

Au rez-de-chaussée, sous la bibliothèque, l'on trouve à l'exposition du midi, une grande galerie ou promenoir éclairée par des arcades sur le jardin public. Pendant l'hiver il sert d'annexe aux orangeries du Luxembourg.

Telle est l'importance des nouvelles constructions ajoutées à l'ancien palais. La description du genre de décoration adopté pour chacune des principales salles serait aride et sans intérêt ; celle des peintures et sculptures monumentales, faisant partie de cette décoration, trouve sa place dans la notice explicative des objets d'art.

Les jardins du Luxembourg, malgré la perte considérable de terrain pris aux dépens des parterres, pour l'agrandissement du palais, ne devaient pas subir de modifications importantes. Cependant, en 1840, M. Dufaure, alors ministre des travaux publics, remarqua que l'ancienne disposition des terrasses, trop rapprochées des nouvelles constructions, en masquait l'architecture d'une manière choquante, et que, pour remédier à cet inconvénient et coordonner convenablement l'édifice avec les parterres, il était nécessaire d'établir dans la largeur du jardin, parallèlement à la nouvelle façade du palais, une vaste allée au même sol que les parterres, et aboutissant, d'un côté, à l'extrémité Ouest des jardins, et de l'autre, au point où doit se terminer, par une grille d'entrée au Luxembourg, la grande rue Soufflot, projetée dans l'axe du Panthéon [1].

En conséquence, des projets conçus d'après cette donnée furent soumis à l'approbation des Chambres ; malheureusement celle des Députés, crut devoir borner la dépense pour l'arrangement des parterres, aux travaux strictement nécessaires à la circulation ; c'est-à-dire, au morcellement des terrasses telles qu'on les voit aujourd'hui près du palais, et, en même temps, à quelques autres améliorations dont la nécessité ne pouvait être contestée.

A la même époque aussi, la fontaine ou grotte de Marie de Médicis, œuvre de Jacques de Brosse, remarquable par son architecture mâle et imposante, était entièrement délabrée ; le même ministre en ordonna et fit exécuter la restauration complète.

En 1843 et 1844 de nouveaux crédits permirent de restaurer et d'harmonier, avec les nouvelles constructions, les anciens bâtiments et les jardins, comme aussi de démolir toutes les maisons dépendant du palais, qui longeaient la rue de Vaugirard, depuis la grille d'entrée de la rue du Pot-de-Fer jusqu'à l'ancienne église du couvent des Filles-du-Calvaire. Ces maisons, pour la plupart en mauvais état,

---

[1] Une loi du 2 juillet 1844 a enfin décidé l'ouverture de cette rue projetée depuis notre première révolution, c'est-à-dire depuis cinquante ans.

attristaient les abords du Luxembourg; aujourd'hui elles ont complétement disparu, et font place à des pavillons de surveillance et des parterres, clos sur la rue de Vaugirard, par une grille de cent soixante-quinze mètres de longueur; l'alignement sur lequel elle a été élevée a permis de doubler, dans cette partie, la largeur de l'ancienne rue, qui, aux abords du Petit-Luxembourg, n'avait que huit mètres environ.

Mais, outre les travaux d'embellissement et d'utilité dont il vient d'être question, la Chambre des Pairs en a fait exécuter sur ses propres ressources quelques autres, qui ne sont pas sans importance et sans intérêt, au nombre desquels il faut citer plusieurs bâtiments, grilles d'entrée et débouchés sur le jardin public, qui n'avait, en 1830, que huit issues et qui en compte treize aujourd'hui. Ces travaux exécutés, sur le budget particulier de la Chambre des Pairs, comprennent :

La grille d'entrée de la rue de Vaugirard en face la rue Férou, l'entrée pratiquée au commencement de la rue d'Enfer dans le voisinage de la place Saint-Michel, sur l'emplacement où doit aboutir la rue Soufflot, l'entrée qui longe transversalement le jardin botanique; celle du Val-de-Grâce, dans la rue de l'Est, et enfin, dans la rue de l'Ouest, les deux portes communiquant à la grande avenue de l'Observatoire.

D'anciens murs enlevaient au public la perspective des jardins particuliers attenant au palais et à l'hôtel de la présidence; les murs ainsi que d'anciens magasins ou ateliers en ruine et d'un aspect choquant ont disparu, et sont aujourd'hui remplacés par des parterres et des gazons entourés de grilles à hauteur d'appui. Au centre de ces parterres une vaste orangerie de cinquante-sept mètres de longueur sur quinze mètres a remplacé des hangars provisoires, insuffisants et mal clos, où, pendant l'hiver, dépérissait la précieuse et rare collection d'orangers que possède la Chambre des Pairs. Les vieux bâtiments de la poste du palais menaçaient ruine et obstruaient l'entrée principale du jardin située en face la rue Molière ; une grille d'entrée et un bâtiment de poste plus convenablement placé, ont fait oublier les masures auxquelles ils ont succédé. Une chapelle provisoire et incommode existait depuis longues années dans une des salles du rez-de-chaussée ; elle est aujourd'hui remplacée par une nouvelle chapelle, établie dans l'une des galeries du même étage : décorée avec luxe par les soins de la Chambre des Pairs, elle a été terminée et ouverte au public à la fin de l'année 1844 [1].

Des remblais considérables terminés en 1840, sur une partie de la grande pépinière Ouest, ont permis, de ce côté, d'augmenter en largeur l'étendue des contre-allées de la grande avenue de l'Observatoire, et d'établir des quinconces aux deux extrémités de cette belle promenade. Suivant le vœu exprimé par la Chambre des Pairs, un travail semblable doit être exécuté aux dépens de la pépinière Est, actuellement occupée par le jardin botanique de la Faculté de Médecine. Les terrains, aujourd'hui en culture, de la grande pépinière, sont ouverts au public et destinés à former un vaste jardin, dont les allées couvertes seront, pendant le jour, livrées à la circulation. Un éclairage au gaz, qui a déjà reçu un commencement d'exécution, s'étendra à toutes les parties du parterre au-devant du palais. Enfin, d'autres améliorations, toutes dans l'intérêt du public, s'exécutent aujourd'hui (1845) et se poursuivent de manière à ce que, dans quelques années, le jardin du Luxembourg

---

[1] Voir pour la description des peintures de cette chapelle la Notice des objets d'art.

et ses abords soient dans un état parfait d'entretien et de conservation [1].

Telle est l'histoire du palais du Luxembourg depuis sa fondation en 1615, jusqu'en 1845; c'est-à-dire, pendant une période de deux cent trente ans; elle m'a paru mériter, sous tous les rapports, d'être offerte à la curiosité du lecteur.

Il est des monuments qui, par leurs belles proportions, leur élégante symétrie et leur aspect imposant, vous frappent tout d'abord d'admiration, sans qu'un autre sentiment vienne s'y mêler. Il n'en est pas ainsi du palais de Marie de Médicis : au sentiment d'admiration que la vue de cet édifice suffit pour éveiller en nous, se joint bientôt une émotion plus grave : c'est la pensée des scènes de joie et de deuil dont ses murs ont été successivement les témoins; c'est le souvenir de toutes ces grandeurs et de toutes ces souffrances qui y ont passé tour à tour. On songe à Marie de Médicis, livrée longtemps au doux prestige des grandeurs humaines, mais bientôt fugitive, et terminant sa vie sur une terre étrangère, dans un état voisin de l'indigence.

On croit entendre les plaintes douloureuses des victimes que la terreur entassa dans ce palais; puis les acclamations triomphales et les chants de victoire qui saluent le pacificateur de Campo-Formio, le héros de Marengo et d'Austerlitz.

Nous assistons par la pensée à ces grandes scènes du Sénat, où s'agitaient les destinées de l'empire à l'agonie, écrasé sous les coups de l'Europe coalisée; puis à ces procès célèbres dont le retentissement a été si grand.

---

[1] Je n'ai pas pensé que les événements qui ont eu lieu au palais du Luxembourg, de 1830 à 1845, dussent être ici l'objet d'un chapitre particulier; il m'a semblé au contraire que des faits encore récents et présents à notre mémoire ne doivent pas trouver place dans un ouvrage uniquement destiné à faire connaître ou rappeler des événements qui sont déjà loin de nous.

La plupart de ces événements sont déjà loin de nous; mais le palais de Marie, grand et majestueux comme à son origine, est là pour en perpétuer la mémoire.

C'est sous l'inspiration de pareils souvenirs que j'ai essayé d'accomplir la tâche que je m'étais imposée. J'ai voulu éviter à l'homme du monde et à l'artiste, des recherches toujours arides et souvent difficiles, et réunir dans un cadre de peu d'importance ce qui pouvait faire connaître, aussi complétement que possible, un monument dont l'existence se rattache à notre histoire. Ai-je réussi? c'est au lecteur à décider. Qu'il me soit permis, toutefois, de me rendre à moi-même cette justice que ces pages sont le résultat d'un travail consciencieux, et entrepris dans le but unique d'une utilité qui ne saurait être contestée. Une description de ce palais, au point de vue de l'art et de l'histoire, nous manquait, j'ai cherché à combler cette lacune; il m'a semblé que ma position particulière m'en faisait un devoir.

Mais ce travail serait incomplet si je n'y ajoutais, ainsi que je l'ai annoncé dans mon introduction, quelques renseignements historiques sur plusieurs dépendances du grand palais, que leur affectation au service de la Chambre des Pairs place nécessairement dans le cadre que j'ai dû me tracer.

L'HOTEL

DU

PETIT-LUXEMBOURG.

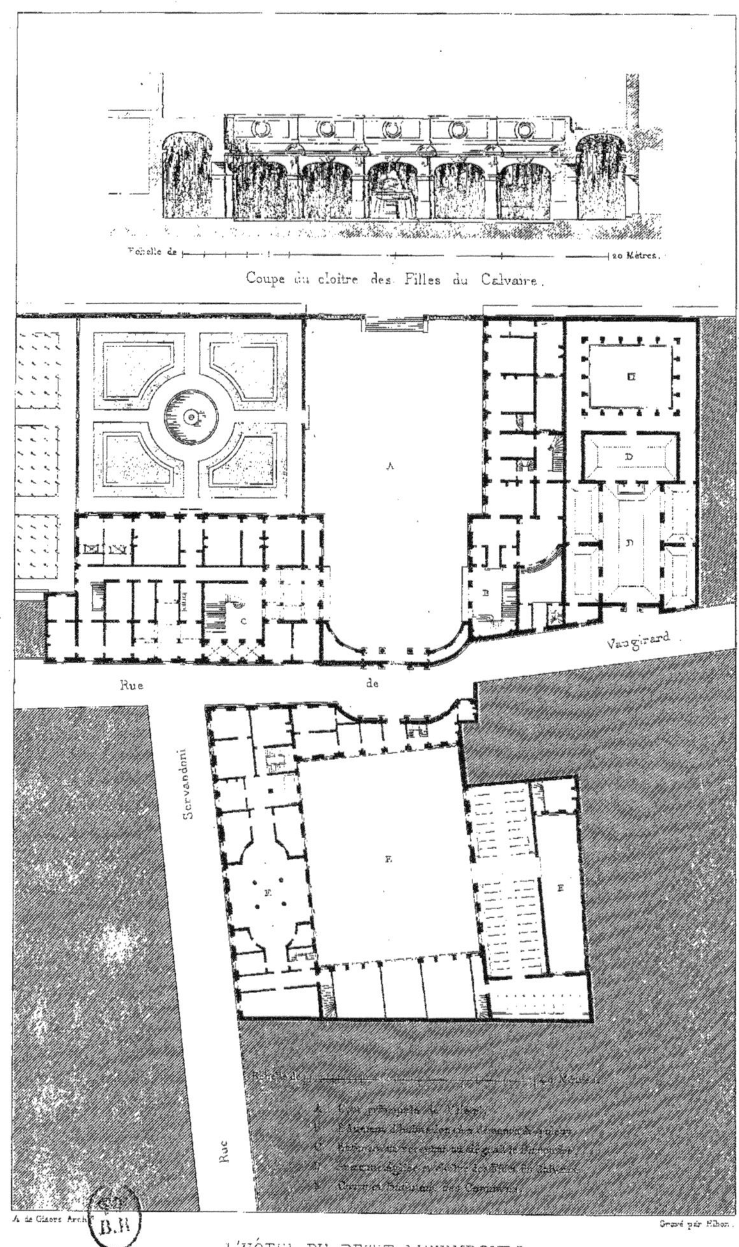

L'HÔTEL DU PETIT LUXEMBOURG

SOUS LE CONSULAT ET L'EMPIRE.

L'HOTEL

DU

PETIT-LUXEMBOURG.

L'hôtel du Petit-Luxembourg, situé rue de Vaugirard, à l'Ouest du palais où siége la Chambre des Pairs, fut, suivant plusieurs auteurs [1], construit en 1629 par le cardinal de Richelieu, qui vint y loger en quittant l'Arsenal. Cependant, si l'on en croit Vittorio Siri, il devait la possession de cet hôtel à la munificence de Marie de Médicis, qui le lui aurait donné, lorsqu'il était surintendant de sa maison et encore en faveur auprès de cette princesse. Il prétend que l'origine de la haine de Marie de Médicis pour sa dame d'atour, madame de Combalet [2], doit être attribuée particulièrement à l'audace qu'aurait eue cette dame, de se prévaloir d'un contrat que Marie avait fait avec le cardinal pour la cession du Petit-Luxembourg : elle avait continué d'y de-

[1] Jaillot, Piganiol, Dulaure, etc.
[2] Depuis duchesse d'Aiguillon.

meurer, quoique la reine-mère l'eût chassée de chez elle [1] :
pendant que la bonne intelligence régnait entre Marie de
Médicis et Richelieu, dit Vittorio Siri, elle lui avait donné
cette propriété en se réservant la faculté de la racheter,
moyennant la somme de trente mille livres; mais lorsque
la reine-mère voulut la retirer et en faire sortir madame
de Combalet, on trouva dans le contrat, *trente mille écus,*
au lieu de trente mille livres, et à la place de ces mots :
à la volonté de la Reine-mère, on y avait mis : *à la volonté
du Roi.* En conséquence, Louis jugea la contestation en
faveur du cardinal, qui continua à jouir de l'hôtel et d'y loger
sa nièce [2].

Je ne saurais garantir l'authenticité de l'anecdote qui précède; j'indique d'ailleurs la source où je l'ai puisée, mais je
l'ai rapportée, parce que, vraie ou erronée quant au fait
des substitutions de chiffres, elle me semble mériter créance
en ce qui concerne les bâtiments. Construits sur une partie
des terrains considérables qu'avait achetés Marie de Médicis
pour y élever le palais du Luxembourg, ils ont dû, vraisem-
blablement, l'être par elle, et pour y loger dignement son
surintendant. On sait que cette princesse avait pour politique
d'accabler de bienfaits ceux dont elle redoutait les cabales,
et qu'à cette époque l'ambition de Richelieu commençait à
l'inquiéter. Il est d'ailleurs peu probable que celui-ci, qui
faisait alors bâtir le Palais-Cardinal pour l'habiter, ait fait
en même temps construire le Petit-Luxembourg dans le
même but.

Quoi qu'il en soit, le cardinal de Richelieu n'en resta pas
moins en possession de cet hôtel, et, après l'avoir habité
quelque temps, il le donna à sa nièce, Marie de Wignerod,

---

[1] Voir la partie historique du palais, pages 49 et 50.
[2] Memorie Recondite, tome VII, pages 576 et 577.

duchesse d'Aiguillon [1], lorsqu'il vint habiter le Palais-Cardinal [2]. Un auteur, qui écrivait en 1640, s'exprime ainsi, en parlant du Petit-Luxembourg : « Il est ioignant le grand
» qui a esté rebasty presque tout de neulf avec un beau
» jardin ; il a son entrée vers le fauxbourg, aboutissant
» au monastère des religieuses Bénédictines du Caluaire.
» Madame la duchesse d'Esguillon, niepce de monsieur
» l'éminentissime cardinal duc de Richelieu, y est logée.
» Aussi, pour élargir le même hostel de Luxembourg, furent
» prises plusieurs maisons, entr'autres celle où estoit la
» verrerie, iusques à l'hostel de l'ambassadeur de Hollande,
» en la rue dicte de la Verrerie [3].

» L'escurie dépendante de cet hostel (rue de Vaugirard,
» en face du Petit-Luxembourg) est celle qui estoit cy-de-
» uant au feu mareschal d'Ancre, au haut de la rue de
» Tournon, laquelle ayant esté ruinée l'an 1617, par la furie
» de la populace, au mesme temps que l'hostel dudict ma-
» reschal fut mis au pillage [4], a esté depuis rebastic comme
» elle se void à présent [5]. »

Le Petit-Luxembourg passa ensuite à titre d'hérédité à Henri-Jules de Bourbon-Condé, comme faisant partie de la succession de Claire-Clémence de Maillé-Brézé, sa mère. A la mort du prince de Condé, sa veuve, Anne, palatine de Bavière, en fit son séjour ordinaire ; mais ne trouvant pas l'étendue de l'hôtel suffisante [6] pour y loger sa maison, qui

---

[1] Elle avait épousé, en 1620, Antoine du Roure de Combalet, dont elle resta veuve de bonne heure et sans enfants.

[2] Aujourd'hui le Palais-Royal.

[3] Depuis rue de Vaugirard. Voir la description de cette rue, page 21.

[4] Voir la description de la rue de Tournon, page 17.

[5] *Malingre*, Antiquités de Paris, M.DC.XL, livre II, page 402.

[6] Il était alors, comme aujourd'hui, resserré entre le palais du Luxembourg et l'église du couvent des Filles-du-Calvaire.

était fort nombreuse, elle fit construire, de l'autre côté de la rue, de vastes bâtiments pour ses officiers, ses écuries et ses cuisines.

Ces constructions, telles que nous les voyons aujourd'hui, furent élevées sur l'emplacement d'une propriété qui avait appartenu, d'abord, au duc de Piney-Luxembourg, ensuite au maréchal d'Ancre, comme on vient de le voir, puis à la régente Marie de Médicis. Une galerie souterraine, existant encore sous la rue de Vaugirard, établissait une communication entre les cuisines et l'hôtel.

La princesse de Condé fit faire aussi au bâtiment principal, des réparations considérables qui, à cette époque, modifièrent et enrichirent d'une manière remarquable l'état primitif de ce corps de logis. A quelques changements près, la décoration des grands appartements, dans l'aile à gauche, est encore ce qu'elle était en 1711. Le grand escalier d'honneur est, sans contredit, l'un des plus beaux et des mieux construits du temps du règne de Louis XIV [1]. Cette propriété considérable appartint plus tard à la princesse Anne de Bourbon-Condé, connue sous le nom de mademoiselle de Clermont; enfin, elle devint l'annexe ou la dépendance principale du grand palais.

En 1778, le palais du Luxembourg et toutes ses dépendances ayant été donnés en apanage, par le roi Louis XVI, à son frère, Monsieur, comte de Provence, depuis Louis XVIII, ce prince vint habiter l'hôtel du Petit-Luxembourg, qu'il occupa jusqu'au 20 juin 1791, époque vers laquelle éclatait notre première révolution. Les nobles de toutes les classes émigraient alors en foule : déjà même plusieurs des princes français avaient quitté la France, et

---

[1] On attribue à l'architecte Germain Bosfrand les dessins de l'hôtel du Petit-Luxembourg.

l'on soupçonnait Monsieur de vouloir imiter leur exemple.
On sait que, sur cette rumeur, le peuple s'étant porté chez
Monsieur, il se montra et répondit aux orateurs de cette
députation tumultueuse, qui l'interrogeaient à ce sujet,
qu'il n'abandonnerait jamais le Roi. En effet, l'infortuné
Louis XVI étant parti de Paris, dans la nuit du 20 au
21 juin, le comte de Provence quitta, presque en même
temps, le Petit-Luxembourg, et gagna la frontière belge
sous le nom de comte de Lille.

La chambre à coucher d'apparat de ce prince existait, à
la suite du grand salon de réception, dans une pièce dont
la décoration primitive a été altérée par deux colonnes formant alcôve; cette pièce n'a point été modifiée depuis.

L'hôtel du Petit-Luxembourg, pour ainsi dire abandonné
sous le règne de la Terreur, devint, sous la constitution de
l'an IV (1795), le siége provisoire du gouvernement directorial, qui n'avait pu s'installer dans le grand palais alors
tellement délabré [1], qu'un seul directeur, Barras, put trouver
à s'y loger; les quatre autres occupaient, au Petit-Luxembourg, les appartements du rez-de-chaussée et du premier
étage de l'aile à droite. Les audiences et les réunions avaient
lieu dans le grand appartement de l'aile à gauche, où se
font aujourd'hui les grandes réceptions du chancelier, président de la Chambre des Pairs. Le Directoire a siégé au
Petit-Luxembourg depuis le mois de vendémiaire an IV
(octobre 1795) jusqu'aux événements des 18 et 19 brumaire
an VIII (9 et 10 novembre 1799).

Après la chute de ce pouvoir, auquel succéda d'abord le
Consulat provisoire, Bonaparte et sa femme Joséphine
Tascher de la Pagerie, veuve du général Beauharnais, vin-
rent habiter le Petit-Luxembourg; ils s'y installèrent le

---

[1] Voir la description du palais, pages 69 et 70.

20 brumaire an VIII (11 novembre 1799). « La loi du
» 19 brumaire qui instituait le Consulat provisoire étant
» rendue, les trois nouveaux consuls, Bonaparte, Siéyès et
» Roger-Ducos quittèrent Saint-Cloud pour se transporter
» à Paris. MM. Siéyès et Roger-Ducos étaient déjà établis
» au palais du Luxembourg, le général Bonaparte aban-
» donna sa petite maison de la rue de la Victoire ¹ et vint
» avec sa femme, ses enfants adoptifs et ses aides-de-camp,
» dans les appartements du Petit-Luxembourg. Là, rap-
» proché de ses deux collègues, entouré des débris du der-
» nier gouvernement et des éléments du gouvernement nou-
» veau, il mit la main à l'œuvre avec cette intelligence sûre
» et cette activité extraordinaire qui avaient signalé sa ma-
» nière d'agir à la guerre ². »

Ainsi, c'est au Petit-Luxembourg qu'après avoir renversé
la république directoriale, l'homme qui devait bientôt dicter
ses lois à l'Europe, et finir misérablement sur un rocher, à
deux mille lieues de l'empire qu'il avait fondé, prit pour la
première fois la direction des affaires publiques ; c'est de
cette habitation, bien modeste pour un tel homme, que par-
tirent les premiers décrets qui allèrent porter l'ordre et la
confiance au sein d'une société livrée à l'anarchie et décou-
ragée par tant d'essais infructueux.

Le jour même de leur installation, les trois consuls s'é-
taient assemblés pour délibérer sur les affaires les plus ur-
gentes ; Siéyès ayant remarqué que, sans attendre celui de
ses collègues, Bonaparte se hâtait de donner son avis, dit
le soir à MM. de Talleyrand et Rœderer : « Nous avons un

---

¹ Cette maison existe encore au nº 52, telle qu'elle était au 18 brumaire quand
Bonaparte cessa de l'habiter. N'est-il pas regrettable que ce souvenir historique si
plein d'intérêt n'ait pas été, par une souscription nationale, mis à l'abri d'une destruction presque inévitable et probablement prochaine ?

² *Thiers*, Histoire du Consulat et de l'Empire, tome I, pages 5 et 6.

maître qui sait tout faire, qui peut tout faire et qui veut tout faire[1]. » C'est au Petit-Luxembourg que les consuls prirent quelques mesures d'une haute importance, entre autres : la révocation de la loi des otages, l'élargissement des prêtres détenus, celui des naufragés de Calais, et enfin rédigèrent la Constitution de l'an VIII. Cet acte qui a précédé l'établissement du gouvernement impérial, fut arrêté dans la nuit du 21 au 22 frimaire (13 décembre 1799), et promulgué le 24 du même mois ; ce jour-là même, les trois consuls, assistés de Siéyès et de Roger-Ducos, consuls sortants, s'assemblèrent au Petit-Luxembourg pour procéder à l'organisation du Sénat, dont la première séance devait avoir lieu le lendemain.

C'est dans ce même hôtel, et dans le cabinet actuel de M. le chancelier Pasquier, que Bonaparte, à son retour de sa première campagne d'Italie, vit pour la première fois MM. Percier et Fontaine ; ils lui furent présentés par le célèbre peintre David, celui-là même qui, peu d'années avant, avait été détenu comme terroriste au Luxembourg, et qui accepta depuis le titre de baron sous l'empire. Ces deux architectes dont le sort se trouva, dès ce moment, lié à la fortune du jeune général et qui ont conservé sa confiance jusqu'à sa chute, ont eux-mêmes acquis dans les arts une célébrité européenne, que leur garantissait d'avance l'estime de Napoléon.

Peu de temps après la constitution définitive du gouvernement consulaire, Bonaparte, accompagné de ses deux nouveaux collègues Lebrun et Cambacérès, quitta l'hôtel du Petit-Luxembourg pour se rendre au palais des Tuileries où il avait précédemment ordonné les travaux et les dispositions nécessaires à son installation et à celle de ses collègues. Cette cérémonie, qu'il prit soin de rendre pom-

---

[1] *Thiers*, Histoire du Consulat et de l'Empire, tome I, pages 23 et 24.

peuse et solennelle, eut lieu le 30 pluviôse an IX (19 février 1800.) Ainsi, le séjour de Napoléon au Petit-Luxembourg a été de trois mois environ.

Le 1ᵉʳ ventôse an IX (20 février 1801), le Sénat ayant pris possession du palais du Luxembourg, nouvellement affecté au siége de ses délibérations, tint provisoirement ses séances dans l'hôtel du Petit-Luxembourg jusqu'en 1804, époque à laquelle furent achevés, dans le palais, les travaux considérables entrepris pour son installation définitive [1]. Sous le gouvernement impérial, le même hôtel a été successivement occupé par le savant Laplace, chancelier du Sénat, par le prince Joseph, grand-électeur et frère de Napoléon ; puis, sous la restauration, par le chancelier d'Ambray.

Peu de mois après la révolution de Juillet 1830, les ministres de Charles X, prince de Polignac, comte de Peyronnet, comte de Guernon-Ranville et de Chantelauze, arrêtés, et traduits devant la Cour des Pairs, pour crime de haute trahison, furent, de Vincennes où ils avaient été détenus pendant l'instruction de leur procès, transférés au Petit-Luxembourg. Pendant la durée des débats, ils ont été renfermés dans les appartements du premier étage de l'aile à droite, jadis occupé par les directeurs et ensuite par Bonaparte.

Aujourd'hui l'hôtel du Petit-Luxembourg et toutes ses dépendances servent de résidence au chancelier de France, président de la Chambre des Pairs.

---

[1] Voir la description du palais, page 70.

LE MONASTÈRE

DES

CHARTREUX.

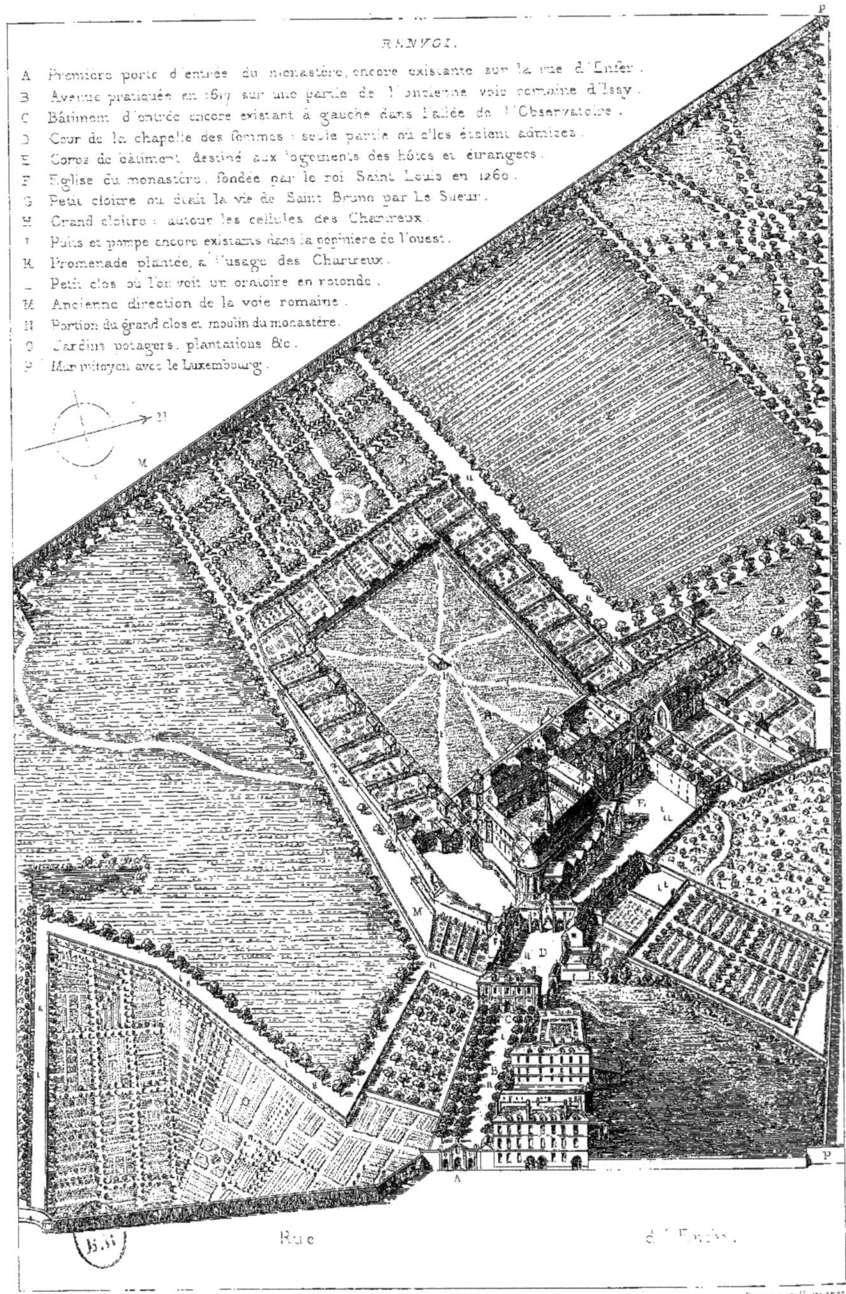

LE MONASTÈRE DES CHARTREUX.

DE LA RUE D'ENFER.

LE MONASTÈRE

DES CHARTREUX

DE LA RUE D'ENFER.

LEUR ORIGINE, ET DESCRIPTION DE LEUR COMMUNAUTÉ A PARIS.

Saint Bruno, fondateur de l'ordre des Chartreux, est né à Cologne, vers le milieu du onzième siècle, et mort, en 1101, dans un monastère qu'il était allé fonder en Calabre. Suivant une ancienne légende, cet ordre religieux devrait son origine à un miracle qui aurait vivement frappé l'imagination de Bruno. On raconte qu'il assistait un jour à l'office des morts, récité sur le corps d'un de ses amis, docteur célèbre, dont la vie passait pour avoir été exempte de reproches. Le corps du défunt était couché dans un cercueil, et, d'après une ancienne coutume, son visage était découvert. Tout à coup le cadavre s'agite, se soulève par trois fois; et, répondant à l'officiant, s'écrie qu'il est accusé par Dieu, jugé par Dieu, et enfin justement condamné par Dieu. « Cela ouy, dit un vieil auteur, on ne voulut conti-

» nuer sondict seruice, n'y enterrer sa charongne en terre
» saincte. » Bruno épouvanté, comme tous les autres assistants, du prodige dont il venait d'être témoin, et redoutant
pour lui-même les effets de la justice divine, prit immédiatement la résolution de terminer sa vie dans la péni-
tence et la prière [1]. En effet, ce saint homme, après avoir
passé par les dignités de l'Église [2], quitta le monde avec six
de ses amis, décidés comme lui à finir leurs jours dans la
solitude.

Au milieu d'une chaîne de montagnes qui sépare la
France de la Sardaigne, il existe, à quelques lieues de Grenoble, un site sauvage, autrefois connu sous le nom de *désert de Chartreuse*. C'est dans ce lieu solitaire que saint
Bruno et ses pieux compagnons s'arrêtèrent en 1084 selon
les uns, suivant les autres en 1086, et jetèrent les fondements de leur ordre. Ils commencèrent par élever sur la
croupe d'une montagne, une chapelle dont on voit encore
les restes, et n'eurent d'abord pour habitations que de petites cellules, ou pour mieux dire de simples cabanes iso-
lées les unes des autres. Telle est l'origine de cette communauté religieuse, et du nom qu'elle a toujours conservé
depuis.

La Chartreuse de Grenoble existait depuis cent soixante
et onze ans et avait déjà pris une assez grande importance,
lorsque saint Louis, frappé des récits qu'on lui faisait de
l'austérité des disciples de saint Bruno, conçut le projet de
leur procurer un établissement près de Paris. Il fit écrire
en conséquence à D. Bernard de la Tour, prieur et général
de l'ordre, qui s'empressa de satisfaire au vœu du saint roi,
en lui envoyant quatre religieux sous la direction de D. Jean

---

[1] Miroir historial, livre XXVI, chap. LXXXII. — Histoires mémorables, livre X,
chap. XLIX.

[2] Bruno était docteur, chanoine de Reims, et maître des écoles de Paris.

de Josserand, prieur du Val-Sainte-Marie au diocèse de Valence.

A peine ces religieux étaient-ils installés à Gentilli, dans une propriété que saint Louis avait acquise à leur intention, qu'ils sollicitèrent de lui la faveur d'être mis en possession de son château de *Valvert* ou *Vauvert*, ancienne maison de plaisance que le roi Robert avait fait construire au commencement du onzième siècle. Elle était inhabitée depuis longtemps, et, disait-on, souvent visitée par le diable [1], « lequel, par la permission de Dieu, tourmentait et » affligeait tous ceux qui passaient par cette voye; car per- » sonne n'y pouvait passer qu'il ne fût frappé, offensé ou » navré. Il faisait aussi de grands cris, et par ses voix hor- » ribles il affligeait un chacun [2]. »

A l'appui de leur demande, les Chartreux, suivant les uns, alléguaient que, rapprochés de Paris, leurs doctrines s'y répandraient plus facilement; mais suivant d'autres, ils voulaient être plus à portée de profiter des leçons de l'Université. Il faut savoir que le château convoité par ces religieux existait hors des murs de Paris, au milieu de prairies, sur l'emplacement où commence la grande allée actuelle de l'Observatoire. Saint Louis, après avoir montré quelque répugnance à établir une communauté religieuse dans un lieu que des préjugés populaires et la crédulité de nos ancêtres représentaient comme étant le séjour du démon, consentit à leur en faire donation. Il leur laissa néanmoins la maison et les terrains en culture où il les avait établis à Gentilli, et ajouta même à cette libéralité cinq muids de blé de Gonesse, à prendre tous les ans, à la Toussaint, dans les greniers de Paris. On trouve dans les Annales de saint Louis que ce roi :

---

[1] De là le proverbe : *Aller au diable Vauvert,* et par corruption : *Au diable Auvert.*

[2] *Malingre;* Antiquités de Paris, livre II, page 412.

fit fère la maison de Chartrouse qui est dehors de Paris, et qui a nom Vauvert. L'acte de fondation qui accorde aux Chartreux le château de Vauvert, est daté de Melun et du mois de mai 1259 ; mais ils s'y étaient installés deux années avant, le 21 novembre 1257. C'est donc à cette dernière époque qu'il convient de fixer leur véritable installation à Paris, sur l'emplacement qu'ils ont occupé jusqu'à notre première révolution, c'est-à-dire pendant plus de cinq siècles.

Aussitôt que les Chartreux eurent obtenu du roi saint Louis la propriété de Vauvert, ils s'y établirent, chassèrent promptement, comme on peut le croire, les mauvais esprits qui en avaient fait leur repaire, et firent acte de possession en construisant à la hâte huit cellules. Ils n'eurent d'abord pour église que l'ancienne chapelle du château, laquelle devint plus tard leur réfectoire lors de l'achèvement de l'église que saint Louis, avant sa seconde expédition pour la Terre-Sainte, avait fait commencer par l'architecte Eudes de Montreuil, et dont il posa la première pierre en 1260. Suspendus plusieurs fois depuis la mort du roi, les travaux, exécutés en grande partie au moyen de libéralités particulières, ne furent complétement achevés que le 26 mai 1325. L'historiographe de Louis XIII raconte que Philippe V, dont la munificence s'était plus d'une fois exercée à l'égard des Chartreux, leur avait permis de faire abattre et prendre dans les forêts royales, les bois nécessaires à la construction du comble de leur église : « Si bien, ajoute-t-il, que lesdicts » Chartreux firent abattre ez forests du Roy du bois en si » grande quantité, que les plaintes en vindrent au Roy, que » lesdicts Chartreux gastoient les forests ; mais le Roy in- » formé de la vérité, bénignement confirma de nouveau la- » dite permission, et donna autre mandement plus ample » que le précédent, et parceque l'un des maîtres charpen- » tiers avoit audict lieu de Vauvert un sien filz unique reli-

» gieux, la besongne fut plus soigneusement et plus diligem-
» ment conduite par son moyen, et le comble de l'église
» accomply l'an 1324 [1]. »

Quoique ces religieux se fussent établis dans le château
de Vauvert par la volonté et sous le patronage du roi, ils
eurent, pendant les deux premières années de leur installation, à lutter contre des tracasseries de toutes sortes de la
part du curé de la paroisse Saint-Séverin, qui ne voyait pas
sans inquiétude se former dans son voisinage un établissement rival du sien. Il regardait comme attentatoire à ses
droits curiaux que les Chartreux eussent une église, un cimetière, des cloches qu'ils pussent faire sonner à volonté ;
qu'ils célébrassent l'office divin et reçussent des offrandes.
Cependant, après de nombreuses négociations, ceux-ci restèrent maîtres d'en user à leur gré, moyennant une rente
annuelle de dix sous parisis qu'ils s'engagèrent à payer à
titre d'indemnité au curé de Saint-Séverin : cet accord se
fit en 1261.

Le monastère des Chartreux, favorisé par les riches do-
nations de hauts personnages et par de pieuses libéralités
particulières, prit dans la suite un accroissement considérable ; mais il convient de dire, pour justifier ces libéralités
et la communauté qui en était l'objet, que la règle de saint
Bruno, tout austère qu'elle était, s'est toujours maintenue
avec sévérité, sans altération, et que de tous les ordres religieux c'est probablement le seul qui n'ait pas eu besoin de
réforme. Au nombre des pieux et hauts personnages qui, à
différentes époques, contribuèrent à l'accroissement de ce
monastère en y fondant des places de religieux, il convient
de citer : Thibaud II, roi de Navarre et gendre de saint
Louis ; Jeanne de Châtillon, femme du comte d'Alençon,

[1] *Malingre*, Antiquitez de Paris, livre II, page 417.

troisième fils de saint Louis : en 1291, elle leur laissa deux cent vingt livres de *petits tournois* de rente pour la fondation de quatre cellules ; Pierre de Navarre, fils de Charles II roi de Navarre ; Jeanne de France, fille du roi Jean, laquelle, en 1396, donna cinq mille livres pour l'entretien de quatre Chartreux ; et enfin la troisième femme de Philippe-Lebel, Jeanne d'Évreux, qui avait fait bâtir dans ce monastère six cellules accompagnées de jardins, et l'infirmerie achevée en 1341 ; pour son entretien elle avait donné sa terre d'Yères.

Le château de Vauvert et ses dépendances, quoiqu'ils occupassent dans l'origine trois hectares environ [1], devinrent bientôt, comme je l'ai dit plus haut, insuffisants aux besoins du monastère des Chartreux ; aussi ils en étendirent peu à peu les limites au moyen d'acquisitions considérables qu'ils firent dans le *clos Vignerai* et le clos de Saint-Sulpice. C'est sur cet emplacement qu'existent aujourd'hui l'Hôtel du Petit-Luxembourg, la rue de Madame et celle de l'Est [2]. En 1613, la régente, Marie de Médicis, ayant eu besoin de ces terrains pour y établir les jardins du palais qu'elle fit commencer deux ans plus tard, donna en échange aux religieux des terres considérables qui, du côté de la campagne, étaient séparées de leur monastère par une ancienne voie romaine se dirigeant encore à cette époque sur Vanves, Issy et Orléans [3]. L'inclinaison rapide de cette voie la rendait humide et souvent impraticable vers sa partie inférieure, du côté de la porte d'entrée du monastère, laquelle existait là où commence l'allée de l'Observatoire. Ce chemin

[1] Environ neuf arpents.

[2] On a vu précédemment dans la description du palais, pages 76 et 77, que ces rues et d'autres ont été ouvertes sur une partie des jardins du Luxembourg aliénée, en 1782, par le comte de Provence.

[3] Voir l'Introduction, page 10, et l'origine du palais, page 54.

fut alors supprimé ; Louis XIII, par des lettres patentes du mois de septembre 1617, confirmées par celles du mois de février suivant, l'abandonna aux Chartreux dans une longueur de deux cent quarante mètres pour l'enfermer dans leur enclos. Il fit en même temps planter d'arbres l'ancienne avenue qui conduisait à leur monastère, et ordonna que la rue d'Enfer serait continuée jusqu'aux Carmélites. Louis XIII, ou, pour mieux dire, Marie de Médicis, ayant ainsi fait disparaître l'obstacle qui s'était jusqu'alors opposé à l'agrandissement des Chartreux du côté de la campagne, au delà de la route d'Issy, leur monastère prit alors une importance qui ne fit que s'accroître jusqu'à notre première révolution. La description suivante en donnera une idée.

On entrait dans ce monastère par une porte en arcade qui existe rue d'Enfer au n° 46. Une large avenue plantée d'arbres conduisait ensuite à la grande porte intérieure pratiquée dans un bâtiment que l'on voit encore aujourd'hui à gauche en entrant dans la grande allée de l'Observatoire : ce bâtiment date de 1623. Puis on arrivait dans une première cour où l'on trouvait, à droite, la *chapelle des femmes ;* c'était la seule partie du monastère où elles fussent admises. Pour parvenir de cette cour dans la seconde, on traversait un autre bâtiment de construction plus ancienne dont la façade était ornée de figures et d'ornements gothiques d'un goût délicat. Les portiques ouverts de ce bâtiment étaient surmontés d'une statue de la Vierge aux pieds de laquelle figurait, en bas-relief, saint Louis présentant plusieurs Chartreux. A côté du saint roi, l'on voyait saint Jean-Baptiste avec un agneau à ses pieds ; de l'autre côté saint Antoine, et plus loin saint Hugues, qui, de Chartreux, devint évêque de Lincoln. Contrairement à l'opinion de tous les écrivains qui ont parlé de ce singulier bas-relief, Dulaure prétend que la figure du roi qui y était représenté est celle

de Louis XI : « Ils n'ont pas vu, dit-il, que la figure du roi
» était caractérisée par le collier de l'Ordre de Saint-Michel,
» ordre que Louis XI institua au mois d'août 1469. Ainsi
» cet édifice et ces bas-reliefs étaient postérieurs à cette
» année et du temps de ce roi[1]. » Cette question ne me
semble pas assez importante pour être discutée.

Dans cette seconde cour l'on trouvait, à droite, un grand
corps de bâtiment destiné aux logements des *hôtes*, et, à
gauche, l'église fondée par saint Louis. Quoique fort simple
extérieurement, elle n'était pas sans originalité si l'on en
juge par les vues qu'on nous en a laissées. L'intérieur, qui,
suivant Dulaure, pouvait être cité comme un chef-d'œuvre
d'architecture sarrasine, renfermait des boiseries et des
stalles remarquables par le fini de leur exécution. Ces ouvrages de patience et de goût avaient été exécutés par les
Chartreux eux-mêmes; aussi s'en glorifiaient-ils, car on lisait sur une table de cuivre l'inscription suivante : *La menuiserie du chœur des frères convers de la Chartreuse de Paris
a été commencée le* 20 *février* 1681, *et finie le* 6 *octobre* 1682,
*par l'ordre et belle économie du vénérable Père Don Léon Hin-
selin, prieur de la Chartreuse de Paris, et le tout conduit par le
frère Henry Fuzilliers convers.*

Cette église renfermait une suite de tableaux des meilleurs maîtres, entre autres : par Philippe de Champagne,
Jésus-Christ au milieu des docteurs; par Bon Boullogne, la
Résurrection de Lazare; par Antoine Coypel, l'*Aveugle de Jé-
richo;* par C. Audran, le *Miracle des cinq pains;* par Noël
Coypel, la *Samaritaine;* par Corneille, la *Cananéenne* et la
Résurrection de Lazare; par Jouvenet, la *Guérison des ma-
lades sur le lac de Génézareth;* par Boullogne jeune, la *Femme
affligée du flux de sang;* par Jean Dumont, dit le Romain,

____

[1] Histoire de Paris, tome II, page 467.

Simon-Pierre et André son frère se donnant à Jésus-Christ;
par Corneille, le *Centenier;* par le même, le *Paralytique sur
le bord de la Piscine;* par Lafosse, la *Fille de Jaïre ressuscitée
par Jésus-Christ.*

Elle contenait plusieurs reliquaires, dont un du poids de
vingt-cinq marcs d'argent, et une figure en vermeil représentant saint Louis avec une couronne enrichie de diamants.
Il tenait dans sa main droite le sceptre royal, et dans l'autre
une épine provenant, dit-on, de la couronne du Christ.
Deux des reliquaires et la statue de saint Louis furent enlevés dans la nuit du 1ᵉʳ au 2 janvier 1716 par des voleurs
qui s'introduisirent dans l'église. Quelques jours après l'on
retrouva dans le jardin du Luxembourg la statue, mais on
lui avait enlevé la couronne enrichie de diamants ainsi que
le sceptre, qui fut cependant retrouvé plus tard dans le même
jardin.

L'église des Chartreux contenait les mausolées de plusieurs personnages considérables, savoir : Philippe de Ma-
rigny, archevêque de Sens, mort en 1325, qui, d'abord
inhumé dans l'ancienne chapelle de Vauvert, fut ensuite
transporté dans l'église; Jean de Blangi, docteur en théologie, évêque d'Auxerre, mort en 1344; Jean de Chissé,
évêque de Grenoble, mort en 1350; Ainé de Genève, mort
en 1369 (il était frère de Robert de Genève, pape sous le
nom de Clément VII); Jean de Dormans, évêque de Beauvais, cardinal de l'église romaine et chancelier de France,
ainsi que son frère, également chancelier de France, morts
tous deux en 1373; Marguerite de Châlons, morte en 1378;
Guillaume de Sens, premier président au parlement de Paris, mort en 1399; Michel de Cernay, évêque d'Auxerre, et
confesseur du roi Charles VI, mort en 1409; Pierre de Navarre, fils de Charles II, roi de Navarre, dit *le Mauvais,* et
de Jeanne de France, fille du roi Jean, mort en 1412; Phi-

lippe d'Harcourt, premier chambellan du roi Charles VI,
mort en 1414; Jean d'Arsouvalle, évêque de Châlons et
confesseur du dauphin, fils de Charles VI, mort en 1416;
Jean de la Lune, neveu de l'anti-pape Benoît XIII, mort en
1424; Adam de Cambray, premier président du parlement
de Paris, mort en 1456, et Charlotte-Alexandre, sa femme,
morte en 1665.

La communauté des Chartreux avait deux cloîtres, le grand
et le petit. Celui-ci renfermait la fameuse collection de tableaux connue sous le nom de *Galerie de Le Sueur*. Ces vingt-
cinq chefs-d'œuvre, qui représentent les circonstances les
plus remarquables de la vie de saint Bruno jusqu'à sa mort,
et même jusqu'à sa canonisation, couvraient les murs des
portiques du petit cloître. Eustache Le Sueur, surnommé à
juste titre le Raphaël français, commença cet immense travail en 1645, et n'employa cependant que trois années pour
en achever l'exécution. « Ses habitudes de piété l'avaient de-
» puis assez longtemps mis en rapport avec le prieur des
» Chartreux : celui-ci faisait restaurer le petit cloître de son
» couvent, qui, dès l'an 1350, avait été peint à fresque, et
» dont on avait renouvelé les peintures une première fois en
» 1508. Les nouvelles réparations exigeaient ou qu'on blan-
» chît les murailles ou qu'on les peignît de nouveau. Il fut
» décidé qu'on devait les peindre, et ce fut à Le Sueur qu'on
» en confia le soin.

» On a dit, je ne sais d'après quel témoignage, que ce
» grand travail lui avait été donné par ordre de la reine-
» mère; on a même ajouté que cette princesse l'avait nommé
» son peintre : je n'ai trouvé nulle part un indice sérieux qui
» confirmât ce fait. Il se sera introduit après coup dans les
» biographies, lorsque la gloire du peintre était devenue in-
» contestée, et à une époque où on ne pouvait s'imaginer
» qu'un homme de génie n'eût pas été de son vivant peintre,

» sinon du roi, du moins d'une reine. L'extrême modicité
» du prix alloué à Le Sueur indiquerait, à défaut d'autres
» preuves, que ce n'était pas là une faveur royale. Les Char-
» treux de Bologne donnaient, à cette même époque, une fois
» plus d'argent au Guerchin pour sa seule *Vision de saint*
» *Bruno,* qu'il n'en coûta à leurs frères de Paris pour faire
» peindre tout leur cloître.

» Mais Le Sueur acceptait avec trop de joie cette pieuse
» et noble tâche pour regarder au salaire. Il avait alors
» vingt-huit ans (1645). Pendant les trois années écoulées
» depuis le départ du Poussin, son talent s'était fortifié par
» de constantes réflexions et par l'heureuse nécessité de se
» gouverner lui-même. Il aurait bien voulu, avant de se
» mettre à l'œuvre, faire de longues études de détails et
» méditer à loisir le caractère général de ses compositions.
» Mais les Frères étaient impatients de jouir de leur cloî-
» tre; il fallut obéir, et l'on sait avec quelle rapidité tout
» fut achevé. Dès 1647, la plupart des tableaux avaient reçu
» leur dernière touche, et vers le commencement de 1648,
» c'est-à-dire en moins de trois années, ils étaient com-
» plétement terminés. Il est vrai que Le Sueur s'était fait
» aider par ses frères Pierre, Philippe et Antoine, et par
» Goulay son beau-frère. Mais il avait tout composé, tout
» dessiné, et plusieurs panneaux avaient même été entière-
» ment couverts de sa main [1]. »

Après la mort de ce peintre célèbre, le plus grand nombre des tableaux qu'il avait peints dans le petit cloître ayant

[1] *M. L. Vitet,* Études sur les Beaux-Arts et la Littérature, pages 158, 159 et 160.
— Dans une note qui accompagne le passage cité plus haut, M. Vitet dit qu'il est
plus que probable que Le Sueur ne fut jamais nommé peintre de la reine-mère, et
ne dut pas à sa faveur le travail que lui confièrent les Chartreux. M. Vitet a raison,
car Marie de Médicis, ayant quitté définitivement la France au milieu de l'année 1631,
est morte à Cologne en 1642, c'est-à-dire trois années avant l'époque où Le Sueur
fut chargé de peindre le petit cloître des Chartreux.

éprouvé des altérations notables qu'on attribua à la malveillance, les Chartreux les firent tous couvrir de volets fermant à clef [1]. « Cette *Vie de saint Bruno*, malgré l'état dé-
» plorable où l'ont réduite d'abord les odieuses profanations
» de l'envie contemporaine, puis le respect même des bons
» religieux qui, en mettant sous clef leurs tableaux et en les
» privant d'air, les avaient exposés à d'autres sortes de dé-
» gradations, puis enfin la mise sur toile et les restaurations
» de 1776, sans compter les retouches sous l'Empire et
» quelques autres plus récentes, cette *Vie de saint Bruno*,
» dis-je, est encore aujourd'hui un des plus beaux monu-
» ments de la peinture moderne comme œuvre de sentiment
» et de naïveté, sans effort ni affectation [2]. »

Sous le gouvernement impérial, les tableaux représentant la *Vie de saint Bruno* ont fait partie du musée du Luxembourg; après les désastres de 1815, ils ont été transportés à celui du Louvre, où on les voit aujourd'hui.

Les extrémités du petit cloître ou plutôt de ce musée précieux, se terminaient par des vues peintes à fresque représentant : la *Ville de Pavie au dix-septième siècle;* la *Ville de Rome;* la *Grande Chartreuse de Grenoble,* et celle *de Pavie,* fondée par Galeas Visconti, duc de Milan. Des vitraux fermaient les portiques du cloître; ils n'étaient pas moins remarquables par la beauté de leurs peintures en camaïeu que l'œuvre de Le Sueur, qu'ils étaient destinés à préserver des injures du temps. Ces vitraux représentaient les *Pères du Désert* peints d'après les dessins de Sadeler.

---

[1] On a vu dans la description du palais du Luxembourg, page 76, que ces volets représentent différents sites du paysage connu sous le nom du *Désert* dans l'ancienne enceinte de la Grande-Chartreuse de Grenoble, et qu'ils existent encore dans les magasins de la Chambre des Pairs : ils doivent bientôt faire partie de la décoration d'une des salles du rez-de-chaussée voisine de la nouvelle chapelle.

[2] *M. L. Vitet,* Études sur les Beaux-Arts et la Littérature, page 162.

La salle du chapitre contenait aussi plusieurs peintures remarquables, mais on y admirait surtout un tableau de Le Sueur, représentant : *Jésus qui apparaît à la Madeleine sous la figure d'un jardinier*, et le *Christ crucifié*, œuvre de Philippe de Champagne, que cet artiste considérait comme l'un de ses meilleurs ouvrages. Ce tableau, qu'il légua aux Chartreux par son testament, est aujourd'hui placé au palais du Luxembourg, dans l'une des salles attenant à la nouvelle chapelle.

Après avoir traversé les différents bâtiments dont il vient d'être question, et d'autres encore qui ne méritent pas d'être décrits, on parvenait dans le grand cloître, immense préau à portiques ouverts, autour desquels étaient rangées symétriquement, et sur un plan uniforme, une suite de petites maisons sans communication entre elles, et qu'on appelait *les Cellules*. Chacune d'elles était composée d'un vestibule, d'une chambre à lit, d'une petite pièce servant, soit de bibliothèque, soit d'atelier, ou à tout autre usage, suivant le genre d'occupation du silencieux habitant, et enfin d'un petit jardin qu'il cultivait à sa fantaisie. Intérieurement la plus grande longueur des portiques était de cent trente-six mètres, et la plus petite de quatre-vingt-onze mètres. Le préau formant un immense parallélogramme occupait, en surface, un hectare environ [1]. C'était le grand cimetière où l'on voyait les sépultures des religieux, indiquées çà et là par de petites croix en bois.

On y voyait aussi les tombes de plusieurs personnages; les noms de quelques-uns d'entre eux sont venus jusqu'à nous; deux méritent surtout une mention particulière :

L'un, Jean Versoris, mort en 1588, était avocat et descendant de *Jean Letourneur*, qui, étant venu se fixer à Paris, sous

---

[1] Environ trois arpents.

le règne de Charles VII, latinisa son nom à l'exemple de la plupart des gens de lettres de son temps, et se fit appeler *Versoris,* génitif du mot *Versor.* Celui dont il est ici question était un si furieux ligueur qu'il mourut, dit-on, de saisissement en apprenant la mort du duc et du cardinal de Guise. Il acquit une certaine célébrité en plaidant en faveur des Jésuites contre Étienne Pasquier ;

L'autre, Jean Descordes, mort en 1642, était un bibliophile éclairé. Ayant obtenu un canonicat à Limoges, il y acheta la bibliothèque de Simon Bosius et l'augmenta considérablement. Le nom de cet homme, estimé de tous les savants de son temps, mérite d'être cité, parce que, à sa mort, sa bibliothèque, achetée par le cardinal Mazarin, moyennant vingt mille livres, a formé le fonds de celle qu'on connaît aujourd'hui sous le nom de *Bibliothèque Mazarine.*

Eustache Le Sueur fut aussi inhumé aux Chartreux. « Il » fut saisi du sentiment de sa fin prochaine, dit M. Vitet [1], » et sa ferveur religieuse lui fit chercher un asile chez les » Chartreux : il les avait émerveillés par ses œuvres, il ve- » nait les édifier par sa mort. Ce fut dans les bras du prieur » qu'il rendit l'âme, vers les premiers jours de mai 1655 ; il » entrait dans sa trente-huitième année. » Le Sueur était né à Paris en 1617 ; il avait étudié sous Simon Vouet.

Le centre du grand cloître était occupé par un petit bâtiment renfermant un puits à manége, avec un réservoir destiné à alimenter les cellules des religieux et les différents services du monastère. Ce bâtiment, qui existe encore intact aujourd'hui, avec son puits et son manége, et dont on aperçoit la toiture dans un fourré de la grande pépinière, à l'Ouest de l'allée de l'Observatoire, indique la situation du cloître et des cellules qui s'y rattachaient.

---

[1] *Études sur les Beaux-Arts et la Littérature,* page 175.

Ses portiques renfermaient quelques vieilles peintures
entre autres, une fresque, représentant *Jeanne de Châtillon, offrant à la sainte Vierge et à saint Jean-Baptiste quatorze
religieux à genoux.* En 1712, les seigneurs de Châtillon,
voulant préserver la peinture originale des injures du
temps, la firent couvrir par une copie sur bois. On y lisait
la prière suivante, sur une légende, sortant de la bouche de
Jeanne de Châtillon :

VIERGE MÈRE ET PUCELLE,

A TON CHER FIEUX PRÉSENTE QUATORZE FRÈRES

QUI PRIENT POUR TOI.

L'enfant Jésus, assis sur les genoux de la Vierge, répondait :

MA FILLE, JE PRENDS LE DON QUE TU ME FAIS,

ET TE RENDS TOUS TES MESFAITS.

Dix-sept écussons, aux armes de France et de Châtillon,
décoraient la partie supérieure de ce tableau ; au bas on
lisait l'inscription suivante :

« L'an de grâce 1712, cet ancien monument de la piété
de madame Jeanne de Châtillon, comtesse de Blois, qui fut
accordée à dix ans et mariée à douze à M. Pierre de
France, comte d'Alençon, fils de saint Louis, fut dressé
pour conserver la mémoire d'une fondation qu'elle fit de
quatorze Chartreux à Paris, et a été renouvelé conformé-
ment à son original ci-dessous sur plâtre, par les ordres
des très-hauts et très-illustres seigneurs Claude-Éléazar,
comte de Châtillon, et Alexis-Henri, chevaliers des ordres
du roi, frères, pour empêcher que la longueur des temps
n'achevât de le détruire, et conserver à la postérité la mémoire d'une si illustre parenté [1]. »

----

[1] Dulaure (*Histoire de Paris*) affirme que cette princesse est morte sans enfants.

On voyait aussi dans le grand cloître une autre peinture représentant *Pierre de Navarre à genoux devant la Vierge et récitant le premier verset du* Miserere; *il offrait à cette sainte quatorze religieux agenouillés devant elle.* Une inscription latine, tenue par un ange, indiquait la fondation faite par ce prince en 1396, de cinquante livres pour chaque cellule.

Telle était, vers la fin du dix-huitième siècle, l'importance et la disposition des principaux bâtiments des Chartreux de Paris. Telles étaient aussi les richesses artistiques que possédaient ces religieux. Il suffit, pour compléter l'esquisse qui précède, d'ajouter que le mur d'enclos de ce monastère devenu l'un des plus riches de l'ordre de saint Bruno, renfermait d'immenses jardins potagers, des vergers, des pépinières, des terres en culture et un moulin considérable qui occupait, en dehors de l'allée conduisant à l'Observatoire, l'emplacement où aboutit la rue de l'Ouest. Enfin, ce monastère, limité d'abord à l'emplacement du château de Vauvert, n'occupait, en 1259, qu'une surface de trois hectares [1], et en 1790, époque de la suppression de toutes les communautés religieuses, l'enclos des Chartreux renfermait près de vingt-trois hectares [2].

Aujourd'hui quelles traces reste-t-il de cette construction religieuse, élevée successivement pendant cinq siècles, et que chaque époque avait marquée d'un caractère particulier, où l'architecture gothique, celle de la renaissance et du dix-septième siècle semblaient s'être groupées comme pour aider aux recherches historiques de l'observateur, et présenter à l'artiste un sujet d'étude et de comparaison? Que sont devenues ces habitations silencieuses dans lesquelles

[1] Environ neuf arpents.

[2] Environ soixante-sept arpents.

l'homme découragé par le malheur, ou fuyant les passions mondaines et les ennuis de la société, venait se réfugier, pour y trouver le calme et la paix de l'âme, dans la prière, dans la culture des lettres, des sciences et des arts? Que reste-t-il enfin de ces retraites où de pieux solitaires, tranquilles sur l'avenir, sans désir et sans crainte, attendaient dans une résignation parfaite le moment suprême? Rien ou presque rien! Détruit de fond en comble, à l'époque de nos tourmentes révolutionnaires, ce monastère a fait place à des rues, à des avenues plantées, et le promeneur indifférent foule, sans le savoir, la sépulture modeste des religieux, comme la tombe somptueuse du riche, qu'une ostentation mondaine avait élevée dans leur église.

NOTICE EXPLICATIVE

DES OBJETS D'ART

QUI DÉCORENT

LES LOCALITÉS

SPÉCIALEMENT AFFECTÉES

AU SERVICE DE LA CHAMBRE DES PAIRS.

NOTICE EXPLICATIVE

DES OBJETS D'ART

QUI DÉCORENT

LES LOCALITÉS

SPÉCIALEMENT AFFECTÉES

AU SERVICE DE LA CHAMBRE DES PAIRS.

————

REZ-DE-CHAUSSÉE.

———

CHAPELLE.

PEINTURES RELIGIEUSES ET HISTORIQUES.

PAR M. GIGOUX,

LES QUATRE GRANDS TABLEAUX FAISANT FACE AUX FENÊTRES :

SAINT PHILIPPE, APOTRE, guérissant un malade.

SAINT LOUIS pardonnant aux révoltés après la bataille de Taillebourg.

SAINT LOUIS EN PALESTINE, enterrant les morts sur un champ de bataille.

LE MARIAGE DE LA SAINTE VIERGE.

PAR M. VAUCHELET,

TOUTES LES PEINTURES DE LA GRANDE VOUTE. ELLES REPRÉSENTENT :

SAINT MARC, SAINT LUC, SAINT MATTHIEU ET SAINT JEAN,
recevant l'inspiration divine.

Dans les pénétrations de la voûte sont huit figures d'anges, tenant chacun un des instruments de la Passion.

PAR M. A. DE PUJOL,

MEMBRE DE L'INSTITUT.

DERRIÈRE L'AUTEL, SUJET TIRÉ DE L'APOCALYPSE DE SAINT JEAN.

« ..... Et ayant été soudain ravi en esprit, je vis, au même instant,
» un trône dressé dans le ciel et quelqu'un assis sur ce trône.
» ...... Et il y avait autour de ce trône une gloire..... Autour de ce
» même trône, il y en avait vingt-quatre autres, sur lesquels étaient assis
» vingt-quatre vieillards vêtus de robes blanches, avec des couronnes
» d'or sur leurs têtes ; il sortait du trône, des éclairs, des tonnerres.....
» Je vis ensuite dans la main droite de celui qui était assis sur le
» trône, un livre scellé de sept sceaux.....
» Mais nul ne pouvait ouvrir le livre ni le regarder..... et je vis un
» agneau comme égorgé..... et le livre fut ouvert. Dieu le montra, et les
» vingt-quatre vieillards se prosternèrent devant l'agneau, ayant chacun
» des harpes et des coupes d'or pleines de parfums qui sont les prières
» des saints.
» Ils chantaient un cantique, etc. »

PAR CARLO MARATTI,

LE TABLEAU ADOSSÉ AU MAÎTRE-AUTEL. IL REPRÉSENTE :

L'ADORATION DES BERGERS.

PAR MM. ADAM,

TOUTES LES PEINTURES ORNEMENTALES.

SCULPTURE EN MARBRE.

PAR M. JALEY,

DANS LA GRANDE NICHE AU-DESSOUS DU BUFFET D'ORGUE,

UN GROUPE D'ANGES CHANTANT LA GLOIRE DE DIEU.

PAR M. CHAMBARD,

LES BÉNITIERS A DROITE ET A GAUCHE DU GROUPE.

SCULPTURE SUR BOIS.

PAR M. KLAGMANN,

LES DEUX ENFANTS COUCHÉS SUR LES FRONTONS DE L'ORGUE.

PAR MM. WALET ET HUBER,

TOUTES LES SCULPTURES ORNEMENTALES.

PREMIÈRE SALLE DE RÉUNION

ATTENANT A LA CHAPELLE.

PAR PHILIPPE DE CHAMPAGNE,

LE CHRIST EN CROIX.

LA VIERGE AU PIED DE LA CROIX.

LA CÈNE. Jésus-Christ célèbre sa dernière Pâque avec ses disciples, et leur annonce qu'un d'eux doit le trahir.

Sous les traits du Christ et des Apôtres, le peintre a représenté les principaux solitaires de Port-Royal, parmi lesquels on distingue Antoine Lemaistre, Arnauld d'Andilly, Blaise Pascal, etc.

SALLE DU LIVRE D'OR.

Cette salle, ainsi que l'atteste le millésime que l'on voit inscrit dans la voûte, a été disposée et décorée en 1817 pour recevoir les titres de la pairie, alors héréditaire. Depuis la révolution de juillet 1830 elle n'a plus cette destination, mais elle a conservé son premier nom.

Les peintures qui la décorent proviennent, en grande partie, de boiseries qui ornaient originairement les principales localités du palais du Luxembourg, notamment les appartements de la régente Marie de Médicis. L'ensemble de cette riche décoration a été complété au moyen de quelques autres boiseries peintes, provenant des appartements royaux du Louvre [1].

[1] Voir la description du palais, pages 90 et 91.

En entrant dans la salle, on se trouve dans une petite galerie formée par des pilastres quadrangulaires d'ordre corinthien ; à droite sont neuf panneaux à glace, dont les parties inférieures sont ornées de médaillons ovales.

Le premier, près de l'entrée, représente le Pouvoir ; à ses pieds l'on voit l'aigle portant dans ses serres un foudre embrasé.

Dans le second, une femme s'appuie sur un joug ; une brebis est couchée à ses pieds : il est probable que cette figure représente la Patience.

La figure du troisième médaillon, tenant une palme et un foudre, pourrait caractériser la Victoire.

Celle du quatrième est Minerve ou Bellone armée de pied en cap.

L'écu royal de France occupe le panneau-milieu.

Le médaillon suivant personnifie la France catholique. Elle est revêtue d'ornements royaux, tient un sceptre et porte un lys d'or sur un livre de prières.

Vient ensuite une jeune fille couronnée de verdure et tenant un nid d'oiseaux. On voit à ses pieds un coq, de jeunes poulets, etc. Il serait assez difficile de donner une signification à cette figure, dont les emblèmes sont peu déterminés.

Dans le huitième médaillon on voit Neptune sur un char traîné par deux coursiers blancs ; deux génies l'accompagnent et laissent tomber des fleurs sur sa tête.

Enfin dans le dernier, la Fortune debout s'appuie sur un gouvernail.

Toutes ces figures, remarquables par leur parfaite exécution, sont attribuées à Van-Thulden, et lès fonds de paysage à Van-Huden.

Les panneaux à glace couvrent des armoires destinées à recevoir un médailler composé de toute l'histoire métallique de la France, et les monuments des différents âges relatifs à cette histoire.

A l'extrémité opposée à la porte d'entrée est l'armoire qui devait contenir le livre d'or.

Le plafond, dans cette partie de la salle, est divisé en trois compartiments : celui du milieu représente l'apothéose de Marie de Médicis, enveloppée de nuages et accompagnée de génies ailés dont l'un porte une lance et l'autre une couronne. Ce tableau est de Van-Hoeck. Dans les deux autres, des enfants tiennent, l'un un casque, l'autre des colliers de perles et des pierres précieuses.

La partie principale de la salle est carrée. Les pilastres et les lambris qui la décorent, ainsi que les portes et les volets, sont couverts d'arabesques sur fond d'or, dans lesquels on reconnaît le style de la bonne école italienne. On les attribue à Jean d'Udine, l'un des plus habiles artistes de l'école de Raphaël.

Le grand tableau allégorique du plafond représente la régente Marie de Médicis rétablissant la paix en France ; elle rassemble et lie un faisceau de flèches. Cette peinture est attribuée à Van-Hoeck.

Les génies peints dans la voussure représentent le Commerce, les Sciences, la Paix, la Guerre, etc.; ils sont de différents auteurs. On croit que les quatre principaux formant les points-milieu sont de Luca Giordano; les autres sont de l'école de Rubens.

Les petites figures allégoriques peintes dans les cartouches qui complètent la décoration de la voussure, sont attribuées, comme celles des panneaux de la petite galerie, à Van-Thulden et à Van-Huden.

GRANDE GALERIE SUR LE JARDIN.

STATUES EN MARBRE.

ELLES REPRÉSENTENT LES QUATRE SAISONS.

PAR M. JOUFFROY,

LES DEUX FIGURES DANS LES NICHES A L'EST.

PAR M. DROZ,

LES DEUX FIGURES DANS LES NICHES A L'OUEST.

PREMIER ÉTAGE.

SALLE DES GARDES.

Cette salle, dont la décoration est provisoire, est ornée de trophées en plâtre ; ils sont surmontés d'un coq tenant un foudre entre ses pattes. Des boucliers et des armes en sautoir décorent les principaux panneaux.

SALLE D'HERCULE.

PEINTURES DU PLAFOND.

PAR M. J. JADIN.

Le panneau principal représente l'Aurore dans un char attelé de chevaux blancs. Chaque panneau d'angle renferme trois génies personnifiant les mois d'une saison ; ils se jouent dans une couronne.

SCULPTURE.

PAR LE PUJET,

HERCULE COUCHÉ, STATUE EN MARBRE. Le fils de Jupiter s'appuie sur un bouclier et se repose sur une massue couverte de la dépouille du lion de Némée ; il tient dans sa main gauche les pommes d'or qu'il enleva aux filles d'Hespérus.

PAR UN INCONNU,

PERSÉE ASSIS, STATUE EN MARBRE. Il tient le glaive avec lequel il a tranché la tête de la Gorgone.

PAR DURET,

ÉPAMINONDAS, STATUE EN PLATRE.

PAR BOIZOT,

MILTIADE, STATUE EN PLATRE.

SALLE DES MESSAGERS D'ÉTAT.

PEINTURE.

PAR M. VINCHON,

Tableau n° 1er. Le roi Henri III s'était réfugié à Chartres le lendemain des barricades, 13 mai 1588 ; le duc de Guise (Henri de Lorraine, dit le Balafré), se trouvant alors seul maître de Paris, se rendit à l'hôtel d'Achille de Harlay, premier président du Parlement [1]. « Il le trouva qui » se pourmenait dans son jardin, lequel s'étonna si peu de leur venue, » qu'il ne daigna pas seulement discontinuer sa pourmenade commencée ;

[1] Achille de Harlay naquit à Paris en 1536 et mourut en 1616. L'hôtel qu'il habitait est aujourd'hui occupé par la préfecture de police.

» laquelle achevée qu'elle fut, il retourna et vit le duc de Guise. » Celui-ci, mettant toute hauteur de côté, venait l'engager à se joindre à lui
pour rétablir l'ordre dans Paris, et pour déterminer le Parlement à reprendre l'exercice de ses fonctions. Le président l'interrompit : « Mon-
» sieur, lui dit-il, quand la majesté du prince est violée, le magistrat n'a
» plus d'autorité. Au reste mon âme est à Dieu, mon cœur à mon roi, et
» mon corps est entre les mains des méchants ; qu'on en fasse ce qu'on
» voudra. » (Extrait du *Discours sur la vie et la mort du président
de Harlay,* par Jacques Lavallée.)

PAR M. CHAMPMARTIN,

Tableau n° 2. CHARLEMAGNE DICTANT SES CAPITULAIRES.

PAR M. FLANDRIN,

Tableau n° 3. SAINT LOUIS DICTANT SES ÉTABLISSEMENTS.

PAR M. CAMINADE,

Tableau n° 4. Le chancelier de L'Hôpital [1], prévoyant les sinistres
desseins de Catherine de Médicis et du cardinal de Lorraine, dont
l'influence dominait dans le conseil, se démet de ses fonctions et vient
remettre les sceaux au roi Charles IX, alors âgé de dix-huit ans. Ce
fait historique a eu lieu en 1568.

PAR M. DECAISNE,

Le plafond. La Loi, entourée de la Justice et de la Force, protége
l'ordre et le travail ; la Gloire récompense les guerriers ; la Bienfaisance
secourt les malheureux.

[1] (Michel de) naquit à Aigue-Perse (Auvergne) en 1505, mourut à Vignay
en 1573.

SCULPTURE.

PAR M. JALEY,

S. A. R. MONSEIGNEUR LE DUC D'ORLÉANS,

STATUE EN MARBRE.

L'érection de cette statue a été votée par la Chambre des pairs dans sa séance du 27 août de l'année 1842.

SALLE DES CONFÉRENCES.

PEINTURE.

PAR M. SIGNOL.

Le tableau en face des fenêtres représente les Législateurs sous l'inspiration évangélique. La partie supérieure est occupée par le Christ et les évangélistes saint Matthieu, saint Luc, saint Marc et saint Jean.

Un cartouche placé sous le cadre indique les noms des législateurs temporels et spirituels qui figurent dans ce tableau, et la place exacte qu'ils y occupent.

PAR BARTHÉLEMY,

Le tableau principal de la voûte. On y voit les figures allégoriques des qualités et des vertus qui font la force et la prospérité des empires.

SCULPTURE.

PAR T. GECHTHER,

LOUIS-PHILIPPE Ier, ROI DES FRANÇAIS,

STATUE EN MARBRE.

ANCIENNE SALLE DES SÉANCES.

La décoration et la forme de cette salle, actuellement destinée aux délibérations de la Cour des Pairs, doivent être complétement changées. L'exécution des peintures monumentales qui en feront la décoration principale est confiée à M. Ingres, membre de l'Institut.

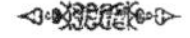

SALLE DU TRONE.

PEINTURE.

PAR GÉRARD,

LOUIS-PHILIPPE Ier, ROI DES FRANÇAIS,

PORTRAIT EN PIED.

PAR BARTHÉLEMY,

Le tableau principal de la voûte. Sous le gouvernement impérial ce tableau représentait Napoléon conduit par la Victoire, précédé de la Renommée et donnant la paix à la France confiante dans sa force, dans son abondance et dans les destinées de l'aigle impériale.

En 1814, sous le gouvernement de la branche aînée des Bourbons, on a substitué la figure d'Henri IV à celle de Napoléon.

Les encadrements des six panneaux, où l'on voit aujourd'hui des tapisseries, contenaient, sous l'Empire, des tableaux représentant les principaux faits historiques des campagnes de Napoléon. Ces derniers tableaux font maintenant partie du musée de Versailles.

⋯⋙◆⋘⋯

SALON DE LECTURE DES JOURNAUX.

PEINTURE.

PAR M. PICOT,

MEMBRE DE L'INSTITUT.

Le plafond et la frise. Le tableau principal représente la Loi sous la sauvegarde de la Justice et de la Force.

Les figures des deux médaillons caractérisent l'un l'Abondance, l'autre la Subordination.

Dans la frise qui entoure le salon sont des enfants tenant divers attributs et des médailles sur lesquelles on voit plusieurs grands législateurs, tels que Lycurgue, Solon, Moïse, Charlemagne, etc.

PIÈCE PRÉCÉDANT LE MUSÉE.

PEINTURE.

PAR J.-E. FRANQUE,

L'ENLÈVEMENT D'ALCESTE PAR HERCULE.

SALON DE TRAVAIL.

A L'EXTRÉMITÉ *Est* DE LA BIBLIOTHÈQUE.

PEINTURE.

PAR M. HENRI SCHEFFER,

HUIT COMPARTIMENTS REPRÉSENTANT DES SUJETS ALLÉGORIQUES,

Savoir :

Le Silence, la Méditation, l'Étude, la Science, l'Histoire, la Philosophie, la Jurisprudence, la Législation.

Plafond. Le roi Charles V, à qui la France doit sa première bibliothèque, est représenté debout en costume royal. Il reçoit les savants de son royaume, et les engage, pour le bonheur de ses sujets, à y venir étudier : « *car,* disait-il, *tant que sapience sera honorée en* » *ce royaume, il continuera à prospérité; mais quand déboutée* » *y sera, il déchéera.* »

Les savants reçus par le roi sont : Jean de Bruges, Nicolas Oresme, Philippe de Maizières, etc. Ces hommes illustres accueillirent avec empressement et reconnaissance l'invitation du monarque, et l'aidèrent à augmenter sa bibliothèque naissante. La figure à droite, portant un livre sous le bras, est Philippe de Vitry, qui, le premier, dédia à la reine sa traduction d'Ovide. Les seigneurs, les courtisans secondèrent le roi, et le nombre des livres de cette collection, avant la mort de Charles V, se montait à neuf cents volumes manuscrits, chiffre élevé pour ce temps.

Le pape Urbain V lui envoya plusieurs ouvrages, entre autres un tableau de Giotto, que le peintre a placé à gauche devant le bibliothécaire Mallet. Une table placée également à gauche, et sur laquelle on voit une boîte à couleurs, fait connaître les moyens qu'employaient les imagiers, peintres du temps, pour exécuter les missels qui font encore notre admiration.

Panneaux. QUATRE PORTRAITS DE MONARQUES LÉGISLATEURS ,

Savoir :

HENRI IV.	—	LOUIS XIV.
NAPOLÉON.	—	LOUIS-PHILIPPE Ier.

BIBLIOTHÈQUE.

PEINTURE.

PAR M. E. DELACROIX.

La peinture de la coupole, au centre de la bibliothèque, représente les limbes décrits par le Dante au 4ᵉ livre de son *Enfer.* C'est une espèce d'élysée où sont réunis les grands hommes qui n'ont pas reçu la grâce du baptême : « *Leur grande renommée, qui vit encore là-haut sur votre* » *terre, leur a valu une distinction si précieuse.* » Ces mots, tirés du poème, sont inscrits sur un cartouche élevé par deux enfants ailés et indiquent le sujet ; la légende, portée par un aigle dans une autre partie du ciel, complète cette explication ; elle signifie : « *Je vis l'illustre* » *compagnie du poète souverain qui plane, comme l'aigle, au-dessus* « *de tous les poètes.* »

La composition est disposée en quatre parties ou groupes principaux : le premier, qui est comme le centre et le plus important du tableau, se trouve en face de la fenêtre donnant sur le jardin ; il représente Homère appuyé sur un sceptre, accompagné des poètes Ovide, Lucain et Horace. Il accueille le Dante, qui lui est amené par Virgile. Une source divine sort de terre sous ses pieds, et l'eau de cette espèce d'Hippocrène est recueillie par un génie-enfant, qui semble l'offrir dans une coupe d'or au Florentin, *le dernier introduit dans cette compagnie illustre.* Sur l'un des côtés et en avant, Achille assis près de son bouclier et rapproché du groupe que domine l'auteur de l'*Iliade ;* de l'autre, Pyrrhus revêtu de ses armes, et Annibal ; ce dernier debout, les regards tournés du côté du tableau où l'on voit les Romains.

En retournant à gauche on trouve le second groupe, qui est celui des

illustres Grecs : Alexandre appuyé sur l'épaule d'Aristote, son maître, se
tourne vers le peintre Apelle assis devant lui, comme s'apprêtant à saisir
les traits du héros macédonien. Aspasie enveloppée d'une draperie blanche, Platon appuyé sur un cippe, et derrière lui Alcibiade coiffé d'un
casque, et quelques figures dans l'ombre d'un bocage de lauriers et d'o-
rangers, entourent Socrate, qui discute familièrement. — Un génie ailé
lui présente une palme, symbole de l'oracle qui l'avait proclamé le plus
sage des mortels. — En avant dans l'ombre, Xénophon couronné de fleurs
et tourné vers Démosthène, qui tient un rouleau sur ses genoux.

La troisième face ou division montre Orphée, le poète des temps hé-
roïques, assis et sa lyre à la main. La muse qui vole à ses côtés lui dicte
des chants divins. Hésiode, couché près de lui, recueille de sa bouche les
traditions mythologiques de la Grèce, et la Lesbienne Sapho lui présente
ses tablettes inspirées. Une panthère attentive s'étend à leurs pieds. Derrière ces personnages et dans une prairie riante, on voit errer ou se reposer
d'autres ombres privilégiées. De jeunes femmes cueillent des fleurs sur
les bords d'un ruisseau qui serpente dans ces lieux agréables, et des
animaux des forêts s'approchent timidement pour s'y désaltérer.

Le quatrième côté est celui des Romains. Portia, assise près de Marc-
Aurèle, montre un vase qui contient des charbons ardents, instruments de
sa mort volontaire. Caton d'Utique, s'adressant à sa fille et au sage empereur, tient à la main le célèbre traité de Platon : son épée repose sur
la terre, la pointe tournée vers ses entrailles. — A gauche de ce groupe,
on aperçoit Trajan dans l'ombre projetée par un grand laurier, et sur un
tertre plus éloigné, apparaissent César en habit de guerrier, tenant un globe
et une épée, et près de lui Cicéron et quelques personnages romains.
Deux nymphes, dont l'une entièrement nue et couchée sur une urne,
l'autre assise sous le laurier et jouant avec un enfant, occupent le devant
de cette partie du tableau. — La partie de droite montre sur le premier
plan Cincinnatus, appuyé sur sa bêche et dans un équipage rustique ; il
sourit à un jeune enfant qui s'est chargé de son casque, et semble le génie
de Rome, qui l'invite à reprendre les armes.

HÉMICYCLE AU-DESSUS DE LA FENÊTRE DU JARDIN.

Après la bataille d'Arbelles, et sur le lieu même de l'action dont on entrevoit çà et là des vestiges, Alexandre, dépouillé de ses armes, est assis sur son tribunal et la Victoire vient le couronner; aux pieds du vainqueur on voit des captifs, les satrapes vaincus et la famille de Darius. On vient d'apporter devant lui le célèbre coffre d'or trouvé parmi les dépouilles des Perses, et regardé comme la part la plus précieuse du butin. Le héros, plein de respect au milieu de sa gloire pour les ouvrages du génie, y fait déposer en sa présence les poèmes d'Homère. — Le milieu du tableau est occupé par le trophée que les vainqueurs, suivant l'usage des anciens, ont élevé sur le champ de bataille, et dont la base est dissimulée par la courbe de la fenêtre.

———

PENDENTIFS, CAMAÏEUX EN FACE DE LA FENÊTRE.

A gauche LA THÉOLOGIE, à droite LA PHILOSOPHIE.

———

DU COTÉ OPPOSÉ.

A gauche LA POÉSIE, à droite L'ÉLOQUENCE.

———

PAR M. RIESNER,

CINQ PLAFONDS DU COTÉ *Est* EN PARTANT DU CENTRE.

LA PHILOSOPHIE. Elle soulève le voile qui enveloppe la Nature.
LA POÉSIE. La Force est charmée par ses accents.

L'ÉVANGILE. Un ange montre aux malheureux l'image de la croix.

LA LOI. Elle arrête l'oppresseur ; un enfant qu'elle protége embrasse ses genoux.

L'HISTOIRE. Elle regarde en arrière, et grave pour les siècles à venir les grandes actions.

PAR M. C. ROQUEPLAN,

CINQ PLAFONDS DU COTÉ *Ouest* EN PARTANT DU CENTRE.

L'INDUSTRIE. Elle est entourée de tous les attributs du commerce.

LE GÉNIE MILITAIRE. Il est entouré de tous les attributs de la guerre.

L'ÉLOQUENCE. Un sceptre à la main, elle s'appuie sur la Raison.

LA POLITIQUE. Le Génie de la sagesse la conseille et la guide.

LES MATHÉMATIQUES. Elles s'appuient sur le globe terrestre, dont elles mesurent l'étendue [1].

STATUES EN MARBRE.

À L'EXTRÉMITÉ *Est.*

PAR M. NANTEUIL,

MEMBRE DE L'INSTITUT,

MONTESQUIEU (CHARLES DE SECONDAT, BARON DE LA BRÈDE ET DE), célèbre publiciste, jurisconsulte et littérateur. Né au château de La Brède, près Bordeaux, le 18 janvier 1689, mort le 10 février 1755.

[1] Ces peintures ne sont pas encore terminées.

A l'extrémité *Ouest*.

PAR M. FOYATIER,

PASQUIER (Estienne), célèbre jurisconsulte et écrivain du seizième siècle, avocat-général sous Henri III à la Chambre des comptes [1]. Né à Paris en 1529, mort en 1615.

———

DANS LES DEUX NICHES DU CENTRE A L'*Est*.

PAR M. SIMART,

LA POÉSIE ET LA PHILOSOPHIE.

———

DANS LES DEUX NICHES A L'*Ouest*.

PAR M. DESBŒUFS,

LA SCIENCE ET L'HISTOIRE.

———

SUR LA GRANDE CHEMINÉE.

PAR M. PRADIER,

MEMBRE DE L'INSTITUT,

LOUIS-PHILIPPE Ier, ROI DES FRANÇAIS,

BUSTE.

[1] Auteur des *Recherches sur la France.*

SALON DE TRAVAIL

A L'EXTRÉMITÉ *Ouest* DE LA BIBLIOTHÈQUE.

PEINTURE.

PAR M. LOUIS BOULANGER,

HUIT COMPARTIMENTS REPRÉSENTANT DES SUJETS ALLÉGORIQUES,

Savoir :

La Paix, la Concorde, la Justice, la Vérité, l'Étude, la Méditation,
la Force, la Clémence.

DANS LE PLAFOND,

La réunion des plus illustres poètes, orateurs, historiens et législateurs
des temps anciens. Dans le ciel planent l'Histoire, l'Éloquence et la
Poésie.

QUATRE PORTRAITS D'ANCIENS MAGISTRATS,

Savoir :

LAMOIGNON (GUILLAUME DE), premier président du parlement de Paris
sous Louis XIV. Né en 1617, mort en 1677.

THOU (JACQUES-AUGUSTE DE), célèbre magistrat et historien sous Henri IV.
Né à Paris en 1553, mort en 1617.

SÉGUIER (PIERRE), chancelier de France sous Louis XIV. Né à Paris
en 1588, mort en 1656.

HARLAY (ACHILLE DE), premier président du parlement de Paris sous
Henri III et Henri IV. Né en 1536, mort en 1616.

SALLE DES SÉANCES.

PEINTURE.

PAR M. BLONDEL,
MEMBRE DE L'INSTITUT.

DEUX GRANDS COMPARTIMENTS AU-DESSUS DE L'ENTABLEMENT :

Le premier, à gauche en regardant la tribune, représente le couronnement de Philippe V le Long, frère de Louis X le Hutin. Par respect pour la loi salique, les pairs de France viennent lui offrir la couronne. Ce fait historique a eu lieu en 1316.

Le second, à droite, représente les états de Tours en 1506. Thomas Bricot, chanoine et député de Paris, porte au roi Louis XII les remercîments de la nation pour la diminution des impôts, la réforme de la justice et la sagesse de ses règlements sur l'armée. Il lui décerne, au nom des états, le titre de Père du peuple, le plus saint nom qu'on puisse donner à un prince. Son successeur François Iᵉʳ, Bayard et La Trémouille environnent le trône.

PAR M. A. PUJOL,
MEMBRE DE L'INSTITUT.

LES QUATRE GRANDS PENDENTIFS DE LA VOUTE :

Premier pendentif. La Sagesse et la Prudence concourent à la rédaction des lois; un génie ailé tient les attributs de la Prudence

Second pendentif. La Force s'appuie sur la Loi. A leurs pieds repose la Sécurité sous la forme d'un enfant endormi. Au-dessus de ce groupe la Raison dompte les passions. A droite médite l'Expérience. Un génie ailé tient le joug de la Loi.

Troisième pendentif. La Justice, éclairée par la Vérité et par l'Équité, protége l'Innocence. Au-dessus du groupe principal plane le génie de la Prévoyance.

Quatrième pendentif. Un guerrier prête sur l'autel serment de fidélité à la Patrie. Au-dessus un génie ailé tient une banderole sur laquelle est inscrite cette devise : Honneur et patrie.

PAR M. VAUCHELET,

LES TROIS GRANDES PÉNÉTRATIONS DE LA VOUTE QUI ÉCLAIRENT LA SALLE.

Pénétration à l'Est. La Prudence empêchant le mal. A gauche et à droite de la fenêtre les législateurs Théodose et Justinien.

Pénétration du milieu. La Vérité se dépouillant de son voile. A gauche et à droite de la fenêtre les législateurs Lycurgue et Moïse.

Pénétration à l'Ouest. La Force protectrice favorisant le bien. A gauche et à droite les législateurs Numa et Solon.

PAR MM. ADAM,

SIX CAISSONS DANS LA PARTIE SUPÉRIEURE DE LA VOUTE.

Ils renferment les médailles colossales peintes en camaïeu de six souverains législateurs couronnés par des génies, savoir :

CHARLES V, surnommé le Sage ou Savant. Sous son règne non-seulement la France fut arrachée aux Anglais, mais encore toutes les parties de l'administration reçurent une organisation nouvelle : les impôts, la

justice, l'armée, qui commença à devenir permanente. Plusieurs
grandes lois de la monarchie remontent au règne de ce prince, notamment celles qui concernent la minorité et les apanages. Il doit être
aussi considéré comme le fondateur de la Bibliothèque Royale. A la
mort du roi Jean la Bibliothèque n'était que de vingt volumes, Charles V
la porta à neuf cents. Cette énorme augmentation doit d'autant plus
étonner, qu'au quatorzième siècle il n'y avait que des manuscrits qui se
vendaient un prix exorbitant. Né à Vincennes en 1337, mort en 1380.

LOUIS XII, surnommé le Père du peuple. Il fut malheureux dans ses
guerres, mais il abolit plusieurs impôts, réprima l'indiscipline des gens
de guerre, et fit sur la réforme de la justice plusieurs ordonnances
très-remarquables par leur sagesse; entre autres celle qui soumet les
magistrats à des examens, et exige que les débats judiciaires aient lieu
en langue vulgaire. Né à Blois en 1462, mort en 1515.

FRANÇOIS Ier, rival de Charles-Quint, dont il balança la puissance; il
a de plus mérité le titre glorieux de père et restaurateur des lettres.
On lui doit la création de l'Imprimerie Royale et du Collége de France
pour l'étude des langues anciennes, des mathématiques, de la médecine, etc. Il enrichit considérablement la Bibliothèque Royale; il fonda
Chambord, Saint-Germain, etc.; il agrandit Fontainebleau. Léonard
de Vinci mourut dans ses bras. Primaticcio, Rosso, etc., travaillèrent
pour lui; Raphaël lui envoya sa *Sainte Famille;* Jules Romain,
Andrea del Sarto, Le Titien, Benvenuto, etc., éprouvèrent sa munificence. Les arts, transplantés en France par les Italiens, commencèrent à y fleurir : J. Cousin dans la peinture, Germain Pilon et J. Gou-
jon dans la sculpture; dans l'architecture, P. Lescot et Philibert
Delorme. Né à Cognac en 1494, mort en 1547.

LOUIS XIV a mérité le nom de *Grand*. On lui doit une foule de sages
mesures et d'ordonnances particulières sur les finances, l'armée, la
marine, l'industrie et le commerce. Sous son règne glorieux furent
rédigés les Codes de commerce 1685, de marine et des colonies 1685,
l'Ordonnance civile 1670, l'Ordonnance criminelle 1673. Il favorisa
de toutes ses forces le développement des arts et des lettres, il institua des académies, prodigua des récompenses aux artistes, proté-

gea tous leurs travaux; et c'est aux encouragements de ce monarque, ami de toutes les choses grandes, que l'on doit principalement rapporter l'éclat de ce grand siècle, auquel il a donné son nom. Il a construit l'Hôtel des Invalides, Versailles, Trianon, Marly, la colonnade du Louvre, etc., le canal des deux mers, et un nombre infini d'établissements d'utilité publique. Né à Saint-Germain-en-Laye en 1638, mort en 1715.

NAPOLÉON, législateur et le plus grand capitaine des temps modernes. Sorti de l'École militaire le 1er septembre 1785 avec le grade de lieutenant en second, il a été successivement capitaine, chef de bataillon, chef de brigade, général en chef, premier consul en 1799, proclamé empereur des Français en 1804 et roi d'Italie en 1805. Né à Ajaccio en 1769, mort en 1821.

LOUIS XVIII, législateur. On lui doit la charte de 1814. Né à Versailles en 1755, mort en 1824.

PAR M. HIPPOLYTE ADAM,

TOUTES LES PEINTURES ORNEMENTALES.

STATUES EN MARBRE.

PAR M. ÉTEX,

DANS LA NICHE A L'*Ouest*,

CHARLEMAGNE, roi des Francs et empereur d'Occident. Sous son règne (768-814), et malgré la vaste étendue de son empire, notre pays fut exempt de révolutions et de calamités. Considéré comme capitaine, on peut dire qu'il a égalé César par le nombre et la rapidité de ses vic-

toires. Comme législateur on lui doit les *Capitulaires,* dressés, pour
la plupart, à Aix-la-Chapelle, en 805 et 806, et recueillis sous sa dictée par deux ecclésiastiques, Ansegise et Benoît le Lévite. Né à Salz-
bourg en 742, mort en 814.

L'artiste a placé dans la main droite de Charlemagne son épée ; sous
sa main gauche le globe caractérise sa puissance. A ses pieds, à droite,
on voit le livre des Capitulaires et la couronne de fer ; à gauche, un re-
lief de l'église d'Aix-la-Chapelle, placé sous l'épée du monarque, exprime
qu'il défendit la religion catholique.

PAR M. DUMONT,

MEMBRE DE L'INSTITUT.

DANS LA NICHE A L'*Est,*

LOUIS IX ou SAINT LOUIS. Il établit la plus grande économie dans
l'administration de ses domaines, s'appliqua à détruire les abus, fit
fleurir la justice, la rendit lui-même; abolit les combats judiciaires
(1260), et fit de la royauté l'asile des peuples contre la féodalité. On
lui doit d'excellentes lois connues sous le nom d'*Establissements de
saint Louis* (1270), d'*Establissements des métiers de Paris* et de
Pragmatique-Sanction (1269). Il a fondé plusieurs hôpitaux considérables, notamment les *Quinze-Vingts,* et fit commencer la Sorbonne. L'Église l'honore comme un saint. Né à Poissy en 1215, mort
en 1270.

L'artiste a placé dans la main droite du monarque le livre des Établissements, et le sceptre dans la gauche.

ENTRECOLONNEMENTS DU PETIT HÉMICYCLE DERRIÈRE LA TRIBUNE.

PAR M. VALOIS,

L'HOPITAL (MICHEL DE), chancelier de France sous Charles IX. Né à
Aigueperse, en Auvergne, en 1505; mort en 1573.

PAR M. BARRE,

MOLÉ (Mathieu), premier président du parlement de Paris, et garde
des sceaux de France sous Louis XIV. Né à Paris en 1584, mort
en 1656.

PAR M. DEBAY (père),

COLBERT (Jean-Baptiste), ministre et secrétaire d'État, contrôleur-
général sous Louis XIV. Né à Reims en 1619, mort en 1683.

PAR M. MAINDRON,

D'AGUESSEAU (Henri-François), chancelier de France sous Louis XIV.
Né à Limoges en 1668, mort en 1751.

PAR M. BRA,

MALESHERBES (Chrétien-Guillaume de), ministre sous Louis XVI.
Né à Paris en 1721, mort en 1794.

PAR M. LEGENDRE HÉRAL,

TURGOT (Anne-Robert-Jacques), contrôleur-général des finances sous
Louis XVI. Né à Paris en 1727, mort en 1781.

PAR M. RAMUS,

PORTALIS (Jean-Étienne-Marie), ministre d'État sous le gouvernement
impérial. Né en Provence en 1746, mort en 1807.

BUSTES EN MARBRE.

SUR LES CONSOLES ADOSSÉES AU GRAND HÉMICYCLE DE LA SALLE.

PAR M. MERCIER,

MASSÉNA (André), duc de Rivoli, prince d'Essling, pair et maréchal de France. Né à Nice en 1758, mort en 1817.

PAR M. DEBAY (Jean),

LANNES (Jean), duc de Montebello, pair et maréchal de France. Né à Lectoure (Guyenne), blessé mortellement à la bataille d'Essling le 22 mai 1809.

PAR M. BRIAN,

MORTIER (Édouard-Adolphe C.-J.), duc de Trévise, pair et maréchal de France. Né à Cambrai en 1768, mort en 1835.

PAR M. HUSSON,

GOUVION-SAINT-CYR (Louis), comte, pair et maréchal de France. Né à Toul en 1768, mort en 1830.

SCULPTURE SUR BOIS.

PAR M. KLAGMANN,

LES PANNEAUX ET LES COURONNEMENTS DES DEUX GRANDES PORTES
PRINCIPALES, LES SCULPTURES DE LA BOISERIE Y ATTENANT,
ET CELLES DE L'HÉMICYCLE DU CHANCELIER.

PAR M. C. HELSCHOËT,

LES PANNEAUX DES BOISERIES DE LA MOITIÉ *Est* DU GRAND
HÉMICYCLE.

PAR M. DE TRIQUETTI,

LES PANNEAUX DES BOISERIES DE LA MOITIÉ *Ouest* DU GRAND
HÉMICYCLE.

PAR MM. WALET ET HUBER,

TOUTES LES SCULPTURES ORNEMENTALES.

Indépendamment des objets d'art précédemment décrits, les localités
du premier étage renferment :

QUARANTE-QUATRE BUSTES EN MARBRE ,

Savoir :

SÉNATEURS.

NOMS DES ARTISTES :			NOMS DES ARTISTES :
RAMEY père.	COUSIN.	PETIET.	DELAISTRE.
DUMONT père.	DARÇON.	BEVIÈRE.	*Idem.*
BRIDAN.	DAILLY.	PERREGAUX.	BOISCHOT.
FORTIN.	CREUZÉ-LATOUCHE.	CABANIS.	CHAUDET.
BOIZOT.	DAUBENTON.	BEGUINOT.	TAUNAY.
CHAUDET.	DARCET.	CAULINCOURT.	BOSIO.
TAUNAY.	CRASSOUS.	LUYNES.	DESEINE.
BOULHET.	LEVAVASSEUR.	DURAZZO.	RAMEY père.
LESUEUR.	PLÉVILLE-LE-PELLEY.	PAPIN.	LESUEUR.
DURET père.	HATRY.	DEBELLOY.	DESEINE.
CORBEL.	LAVILLE-LEROUX.	LABOISSIÈRE.	ROLAND.
BERTHOLING.	FARGUES.	VIEN.	DURET père.
MASSON.	BEAUPUY.	BOUGAINVILLE.	GOBLET.
CLODION.	TRONCHET.	LAGRANGE.	DESEINE.

PAIRS DE FRANCE.

LESCORNÉ.	BARBÉ-MARBOIS.	MOUNIER.	DANTAN aîné.
Idem.	LAINÉ.	LAPLACE.	FEUCHÈRE.
HUGUENIN.	CUVIER.	RICHELIEU.	OUDIN.
MOLCHENETZ.	ALBUFÉRA.	JOURDAN.	GECHTER.
THÉRASSE.	LA ROCHEFOUCAULD.	LALLY-TOLENDAL.	DUSEIGNEUR.
DANIEL.	SIMÉON père.	MACDONALD.	FEUCHÈRE.
HUSSON.	DAMBRAY.	MAISON.	DANTAN aîné.
Idem.	BOISSY-D'ANGLAS.	DUPERRÉ.	KLAGMANN.

PAR M. NANTEUIL,

MEMBRE DE L'INSTITUT.

LOUIS-PHILIPPE Ier, ROI DES FRANÇAIS.

JARDINS.

Les statues en marbre qui décorent les jardins du Luxembourg sont, en grande partie, d'anciennes copies d'après l'antique ou des fragments antiques restaurés. Quelques-unes de ces statues sont remarquables sous le rapport de l'art, savoir :

PAR L. GUIARD,

LE GLADIATEUR COMBATTANT, copie d'après l'antique. Elle est placée au centre de la première pelouse du parterre ; cette statue a été exécutée à Rome en 1765.

PAR UN INCONNU,

VÉNUS SORTANT DU BAIN, placée sur une colonne de marbre au centre de la pelouse demi-circulaire, à droite du bassin.

PAR UN INCONNU,

DAVID, ROI DES JUIFS, placé sur une colonne de marbre au centre de la pelouse demi-circulaire, à gauche du bassin.

PAR UN INCONNU,

DIANE CHASSERESSE, copie d'après l'antique. Elle est placée à l'extrémité de la grande pelouse faisant suite au bassin.

PAR UN INCONNU,

LES JEUNES LUTTEURS, copie d'après l'antique. Ce groupe est placé
sur l'un des piédestaux de la partie circulaire précédant l'allée de
l'Observatoire.

PAR UN INCONNU,

BACCHUS S'APPUYANT SUR UNE PANTHÈRE, fragment antique res-
tauré. Cette statue est placée sur la terrasse du pavillon de lecture.

PAR PIGALLE,

MERCURE, statue en plomb. Elle est placée au centre de la pelouse de
la grande orangerie. Cette statue a été exécutée en 1743.

Dix-neuf statues en marbre de deux mètres trente centimètres de
hauteur sont commandées, soit pour remplacer celles des statues actuelles
qui sont en mauvais état, soit pour compléter la décoration des jardins [1].
Elles représentent :

PAR M. MAINDRON [2],

VELLÉDA, célèbre prophétesse de la tribu des Bructères. Lorsque la
Gaule presque entière se souleva à la voix de Civilis, en 70, sous
Vespasien, elle prit part à ce grand mouvement et prédit l'anéantisse-

[1] La Notice qui suit est, en partie, extraite de la *Biographie universelle*, six volumes. Furne, éditeur, 1833.

[2] La statue est placée sur la terrasse de l'Ouest.

ment des Romains. « Sa taille était haute ; une tunique noire, courte
» et sans manches, servait à peine de voile à sa nudité. Elle portait
» une faucille d'or suspendue à une ceinture d'airain, et elle était cou-
» ronnée d'une branche de chêne [1]. » Elle appela ses concitoyens à la
liberté, mais fut prise par Rutilius Gallicus et menée en triomphe
à Rome. Velléda vivait vers le milieu du premier siècle de l'ère
chrétienne.

PAR M. MERCIER,

GENEVIÈVE (SAINTE), patronne de Paris. A quinze ans elle prit le
voile et mena dès lors la vie la plus austère. Lors de l'invasion d'Attila,
roi des Huns (451), les Parisiens effrayés voulurent quitter leur ville ;
Geneviève les en détourna, leur prédisant que Paris serait épargné :
sa prédiction s'accomplit. Quelques années plus tard, Paris se trouvant affligé de disette, elle parvint à procurer aux habitants des vivres
en abondance. On croit qu'elle contribua à la conversion de Clovis.
Née à Nanterre vers l'an 423, morte, âgée de quatre-vingt-huit ans,
vers l'an 512.

PAR M. KLAGMANN,

CLOTILDE (SAINTE), reine des Francs, mariée à Clovis Ier l'an 493.
Elle le convertit en 496, et acquit sur ce prince, par ses vertus et par
sa beauté, un ascendant dont elle ne fit usage que pour le bien des
peuples. Après la mort de Clodomir (524), l'un de ses fils, et des
deux fils aînés de ce prince, cruellement égorgés par Childebert et
Clotaire, leurs oncles, Clotilde se retira à Tours et mourut l'an 543.

PAR M. THÉRASSE,

BATHILDE (SAINTE), esclave saxonne, puis reine de Neustrie et épouse
de Clovis II, gouverna pendant la minorité de Clotaire III, son fils
(654). Elle fonda les abbayes de Chelles et de Corbie, y prit l'habit
de religieuse et mourut en 685.

[1] Chateaubriand, poème des Martyrs, livre IX.

PAR M. OUDINÉ,

BERTHE ou BERTRADE, fille de Caribert, comte de Laon, fut surnommée Berthe *au grand pied*, parce qu'elle avait un pied plus grand
que l'autre. Elle épousa Pepin-le-Bref, roi de France, et fut mère de
Charlemagne. Lorsque Pepin reçut à Soissons la couronne, en 751,
Berthe fut élevée avec lui sur le trône, nouveauté imaginée sans doute
pour rendre cette inauguration plus mémorable, ou pour inspirer aux
peuples plus de respect envers les enfants qu'il avait eus de cette princesse avant d'être proclamé roi. Elle était d'un caractère doux et af-
fable ; compagne de son époux dans ses voyages, elle lui servit souvent
de conseil. Berthe fut mère de six enfants : Charles et Carloman, à
qui leur père, avant de mourir, assura une monarchie indépendante ;
Gilles, qui se fit moine dans le monastère où il avait été élevé ; enfin
trois filles, dont deux furent religieuses ; la dernière, mariée à Milan,
comte d'Angers, fut mère de Roland, si célèbre dans les romans de
chevalerie. Après la mort de Pepin, en 769, Berthe conserva une
grande influence sous les rois de Neustrie et d'Austrasie. Elle mourut
à Choisy en 783 dans un âge avancé, et fut enterrée à Saint-Denis
auprès de son époux.

PAR M. DUMONT,

MEMBRE DE L'INSTITUT.

BLANCHE DE CASTILLE, reine de France, fille d'Alphonse IX, roi de
Castille, femme de Louis VIII et mère de saint Louis. Elle fut régente
du royaume pendant la minorité de son fils (1226-1236) et l'expédition de ce monarque en Terre-Sainte (1248-1252). Elle sut triompher
des ligues formées contre elle et l'État. Morte à Melun en 1252, âgée
de soixante-cinq ans.

PAR M. HUSSON,

MARGUERITE, reine de France, fille aînée de Raimond Bérenger III, comte de Provence, fut mariée en 1224 à Louis IX (saint Louis), dont elle fit le bonheur par ses vertus. Ayant accompagné son époux dans l'expédition d'Égypte, elle se trouva assiégée dans Damiette par les Sarrasins; elle était enceinte et n'avait plus d'espoir d'être secourue; c'est alors qu'elle pria un vieux chevalier de lui couper la tête si la ville était prise, et que celui-ci lui répondit : *J'y avais déjà pensé.* Elle sortit cependant de cette place. Sans prendre part au gouvernement, elle donna souvent d'utiles conseils à saint Louis. Née en 1219, morte à Paris en 1295.

PAR M. HUGUENIN [1],

VALENTINE DE MILAN, duchesse d'Orléans, fille du duc de Milan Galéas Visconti et d'Isabelle de France, épousa en 1389 Louis, duc d'Orléans, frère de Charles VI, roi de France. Ce monarque étant tombé en démence, Valentine lui prodigua les soins les plus empressés. Elle se trouvait à Château-Thierry lorsqu'elle apprit la mort tragique de son époux, assassiné en 1407 à Paris par les gens du duc de Bourgogne; elle se rendit aussitôt à Paris, traversa la ville, accompagnée d'une longue suite de femmes vêtues de deuil, et alla se jeter aux pieds du roi en demandant vengeance. Les regrets de la mort de son époux réduisirent Valentine de Milan à un désespoir auquel elle ne put survivre. Ayant assemblé ses enfants à son lit de mort, elle les exhorta à soutenir l'honneur de leur maison, et à poursuivre la vengeance du meurtre de leur père. Elle mourut en 1408 à l'âge de trente-huit ans.

[1] La statue est placée à l'extrémité de la terrasse de l'Est, près de l'allée de l'Observatoire.

PAR M. RUDE,

JEANNE D'ARC, surnommée *la Pucelle d'Orléans*, célèbre par son courage et sa fin malheureuse. Elle fut bergère jusqu'à l'âge de dix-huit ans. Touchée des désastres auxquels la France était en proie au commencement du règne de Charles VII, qui n'avait plus de tout son royaume qu'Orléans et quelques villes sur la Loire, elle crut que la sainte Vierge et les saints lui commandaient de prendre les armes pour sauver la France et faire sacrer le roi. Après avoir été présentée à Charles VII, elle partit à la tête d'une petite armée et pénétra dans Orléans à la vue de l'ennemi. Marchant de succès en succès, Jeanne d'Arc conduisit Charles VII à Paris. Enfin, après plusieurs avantages signalés, elle s'introduisit dans Compiègne, mais là se terminèrent ses triomphes : prise dans une sortie, elle fut conduite à Rouen et con-damnée à mort comme sorcière. L'infortunée Jeanne d'Arc, dans le temps même de ses victoires, resta humble, simple, sobre et chaste. Elle était née en 1410 à Domremi, près Vaucouleurs, et fut brûlée vive à Rouen le 31 mai 1431.

PAR M. BONNASSIEUX,

JEANNE HACHETTE. Elle eut la plus grande part aux combats glo-rieux qui sauvèrent, au mois de juin 1472, la ville de Beauvais assiégée par les Bourguignons; c'est elle qui, la première sur la brèche à la tête d'un bataillon féminin, une hache ou *hachette* à la main, repoussa les assaillants et arracha leur étendard, déjà planté sur les remparts. Louis XIII, en récompense du dévouement des dames de Beauvais, leur fit expédier collectivement des lettres-patentes, par les-quelles il ordonne que tous les ans, au jour de la fête patronale de la ville, les dames précèderont les hommes dans la procession. Les his-toriens ne sont pas d'accord sur le véritable nom de cette héroïne : elle est désignée par les uns sous le nom de Jeanne Fouquet ou Four-quet, par les autres sous celui de Jeanne Lainé. Son surnom de Jeanne Hachette a prévalu.

PAR M· GATTEAUX,

ANNE DE FRANCE, fille aînée de Louis XI et de Charlotte de Savoie,
mariée à Pierre II de Beáujeu, frère puîné du duc de Bourbon. Elle
fut choisie par son père pour gouverner la France pendant la jeunesse
de Charles VIII (1483-1491). Cette princesse sut gouverner avec
prudence et fermeté. Morte en 1522, âgée de soixante ans.

PAR M. DEBAY (JEAN),

ANNE DE BRETAGNE, reine de France, fut mariée à Charles VIII en
1491. Pendant l'expédition de ce monarque en Italie (1494-1496),
elle gouverna la France avec beaucoup de sagesse. A la mort de
Charles VIII (1498), Louis XII épousa cette princesse (1499), qu'il
avait aimée lorsqu'il était duc d'Orléans. Elle employa ses revenus
particuliers, qui étaient considérables, au soulagement des malheureux, et étendit ses bienfaits sur les savants et sur les guerriers qui
s'étaient distingués. Née à Nantes en 1476, morte au château de Blois
en 1514.

PAR M. PRÉAULT,

CLÉMENCE-ISAURE, fondatrice des *Jeux floraux* à Toulouse au quinzième siècle, fit renaître le goût des lettres, en offrant une récompense
annuelle à l'auteur du meilleur poème. Elle légua à la ville de Toulouse des revenus considérables exclusivement affectés à la célébration
des Jeux floraux. L'époque précise de la naissance et de la mort de
Clémence-Isaure est inconnue; on sait seulement qu'elle vivait en
1478, et qu'en 1513 elle était morte depuis quelque temps.

PAR M. LESCORNÉ,

MARGUERITE DE VALOIS, reine de Navarre. Veuve depuis 1525 de Charles IV, duc d'Alençon, premier prince du sang, qu'elle avait épousé en 1509, elle se maria en 1527 à Henri d'Albret, roi de Navarre, dont elle eut un fils qui mourut en bas âge, et Jeanne d'Albret, qui fut la mère d'Henri IV. Marguerite de Valois fut la princesse la plus accomplie de son siècle, et l'ornement de la cour de France par sa beauté, sa douceur, son esprit éclairé et l'élégance exquise de ses manières. François Ier la chérissait et l'appelait *sa mignonne* et *la Marguerite des Marguerites*. On a de cette femme aimable et spirituelle l'*Heptameron* ou les *Nouvelles de la reine de Navarre*, et d'autres ouvrages moins importants. Née à Angoulême en 1482, morte aux environs de Tarbes en 1549.

PAR M. BRIAN,

JEANNE D'ALBRET, reine de Navarre, fille et unique héritière d'Henri d'Albret. Elle épousa en 1548 Antoine de Bourbon, duc de Vendôme, et mit au monde à Pau Henri IV le 13 décembre 1553. Cette reine est justement célèbre par son héroïsme, sa fermeté, sa sagesse sévère, et par l'excellente éducation qu'elle donna à Henri IV. Née en 1528, morte le 10 juin 1572, âgée de quarante-quatre ans.

PAR M. FEUCHÈRE,

MARIE STUART, reine de France et d'Écosse, mariée à François II, en 1559, à l'âge de seize ans. Elle fut amenée en France à l'âge de cinq ans, conduite à Saint-Germain-en-Laye et placée dans un monastère où elle reçut une éducation brillante. Presqu'à la fois orpheline, veuve et déchue du trône de France, sur lequel elle n'avait régné qu'environ dix-sept mois (1560), cette princesse retourna en Écosse. On sait qu'après une longue série d'infortunes, Marie Stuart, la plus belle personne de son temps, fut décapitée en Angleterre le 18 février 1587.

PAR M. CAILLOUETTE,

MARIE DE MÉDICIS, reine de France, fille du grand-duc de Toscane François II et de la grande-duchesse Jeanne d'Autriche. Elle épousa Henri IV au mois d'octobre 1600, et lui donna, le 27 septembre de l'année suivante, un fils qui a régné sous le nom de Louis XIII. A la mort d'Henri IV, elle fut régente du royaume pendant la minorité de son fils (1610-1614). Née dans une des plus belles villes de l'Italie, Marie de Médicis y avait contracté le goût des arts et les protégeait. Elle fit élever le palais du Luxembourg, et y créa une galerie de peinture composée de vingt-quatre tableaux peints par Rubens, qu'elle avait appelé à Paris en 1620. On lui doit encore la construction de l'aqueduc d'Arcueil, au moyen duquel douze pouces d'eau, qu'elle abandonna à la ville de Paris, servirent à l'établissement de quatorze fontaines publiques. Née à Florence le 26 avril 1573, morte à Cologne le 3 juillet 1642.

PAR M. RAMUS,

ANNE D'AUTRICHE, reine de France, fille aînée de Philippe III, roi d'Espagne. Mariée à Louis XIII en 1615, elle donna le jour à Louis XIV en 1638, après vingt-trois ans de stérilité. A la mort de Louis XIII (1643), elle fut régente du royaume pendant la minorité de son fils, devenu roi à l'âge de cinq ans. Cette régence fut agitée au dedans par les troubles de la Fronde, mais d'éclatantes victoires l'ont signalée au dehors. Le grand Condé à Rocroy (1642), Fribourg (1644), Nordlingue (1645) et Lens (1648); Turenne à Rotwill, le maréchal de Brézé à Carthagène, le prince Thomas et le duc de Richelieu à Cas-

tellamare, triomphèrent des ennemis de la France et amenèrent la paix
de Munster, qui donna l'Alsace au royaume et fit poser les armes à
l'Allemagne (1648). Née en 1602, morte en 1666.

PAR M. DEMESMAY,

MONTPENSIER (ANNE-MARIE-LOUISE D'ORLÉANS, connue sous le nom de
la grande Mademoiselle (duchesse de), était fille de Gaston, duc
d'Orléans. On a d'elle des mémoires et quelques opuscules. Née à
Paris en 1627, morte en 1693

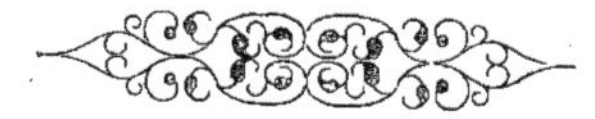

DESCRIPTION STATISTIQUE

DES

BATIMENTS, JARDINS ET TERRAINS

RENFERMÉS

DANS LES MURS ET GRILLES FORMANT LE PÉRIMÈTRE

DU PALAIS DE LA CHAMBRE DES PAIRS.

DESCRIPTION STATISTIQUE

DES

BATIMENTS, JARDINS ET TERRAINS

RENFERMÉS

DANS LES MURS ET GRILLES FORMANT LE PÉRIMÈTRE

DU PALAIS DE LA CHAMBRE DES PAIRS.

NATURE DU TERRAIN.

Les sondages exécutés, au mois de septembre 1836, dans les parterres du Luxembourg, pour connaître la nature du terrain sur lequel allaient être fondées les constructions additionnelles du palais de la Chambre des Pairs, ont été poussés jusqu'à la profondeur de 24^{m}33 ; ils ont donné les résultats suivants :

Terre végétale, 1^{m}00. — Terre rougeâtre (argile sableuse), 3^{m}00. — (A) Marne jaune contenant des quartz bruns, 3^{m}30. — Marne gypseuse alternant avec des marnes argileuses, 2^{m}80. — Marne caillouteuse contenant des caillasses et quelques fragments de gypse, 2^{m}50. (B) — Caillasse (rochette), 0^{m}28. — Calcaire spathique (banc cristallisé), 0^{m}32. —

De A en B. Marnes spathiques argileuses et sans coquilles.

Sable gypseux, 0^m38. — Banc de roche calcaire dure et coquilles avec empreintes végétales, 0^m60. — Banc d'appareil [1] (banc franc) calcaire peu coquiller, 0^m75. — Banc souchet [2] (calcaire grenu de débris de coquilles et milliolites), 0^m83. — Banc de laine (banc de galets), calcaire grenu contenant de gros galets de liais, 0^m65. — Banc de grignard (roche douce), calcaire composé d'une multitude de coquilles, 0^m28. — Banc de liais (calcaire dur, compacte et quelquefois siliceux), 0^m36. — Banc vert (calcaire coquiller sonore et cassant par éclats, 1^m30. — Bancs des lambourdes (calcaire grossier coquiller formant trois couches), 3^m00 (C).

DIMENSIONS DU PALAIS.

La façade principale du palais, en face de la rue de Tournon, a en longueur 89^m30.

Sa plus grande élévation, prise du dessus du trottoir, est de 21^m00.

La façade, au midi sur le jardin public, a en longueur 89^m84.

Sa plus grande élévation, prise du dessus du trottoir, est de 21^m70.

Les façades latérales, à l'Est et à l'Ouest, ont en longueur 149^m10.

Leur plus grande longueur, avant les constructions additionnelles, était de 117^m85.

La grande cour du palais a en largeur 59^m40, et en profondeur 70^m38.

Les deux petites cours de service ont chacune 23^m41 sur 6^m38.

De B en C. Pierre calcaire marine.

[1] et [2] Bancs exploitables; au-dessous de ces deux bancs la sonde a rencontré l'eau.

SURFACE DES BATIMENTS ET COURS.

PALAIS.

Constructions primitives (en 1620).	5,168^{m}00 [1]	
Première cour 3,095	3,987 00	
Cour d'honneur. 892		
Constructions additionnelles (en 1841). .	2,538 00	
Les deux petites cours de service, ensemble.	298 00	
Surface générale du palais, cours comprises.	11,991^{m}00	11,991^{m}00

DÉPENDANCES DU PALAIS.

Maison d'arrêt de la Cour des Pairs. .	538^{m}00	
Préaux et cour d'entrée.	998 00	
Caserne des sous-officiers vétérans. . .	282 00	
Cours.	1,010 00	
Bâtiment de la poste aux lettres. . . .	350 00	
Cour	80 00	
Communs de la cour des Fontaines. . .	1,419 00	
Cour	2,499 00	
Bâtiments des gazomètres.	308 00	
Cour	375 00	
Pavillon d'administration des gardes du jardin	140 00	
A reporter	7,999^{m}00	11,991^{m}00

[1] Au-dessous de 0,50 les fractions ont été supprimées, au-dessus on a complété le mètre.

Report	7,999^{m}00	11,991^{m}00
Corps-de-garde, pavillons de portiers et café	356 00	
Hôtel de la rue d'Enfer.	907 00	
Cour	658 00	
Grande Orangerie (15^m sur 57), 855^{m}00 Petite Orangerie (10^m sur 37), 370^{m}00	1,225 00	
Surface des dépendances du palais, cours comprises.	11,145^{m}00	11,145 00

PETIT-LUXEMBOURG.

Bâtiments d'habitation et de réception.		1,975 00
Dépendances y attenant (ancienne église et cloître).	1,040 00	
Cour	1,650 00	
Petite cour du cloître.	208 00	
Communs en face l'hôtel.	1,806 00	
Cours.	1,200 00	
Surface des dépendances du Petit-Luxembourg.	5,904^{m}00	5,904 00
Surface générale des bâtiments et cours.		31,015^{m}00

—◁◦❈◦▷—

SURFACE DES JARDINS ET TERRAINS.

Jardin public, compris l'allée de l'Observatoire, quinconces, parterres, pelouses et talus.	217,694^{m}00	
Jardins réservés, fleuristes, serres, etc.	23,370 00	
A reporter	241,064^{m}00	31,015^{m}00

Report	241,064ᵐ 00	31,015ᵐ 00
Pépinière de l'Ouest (avant remblai, 95,817ᵐ), aujourd'hui.	78,467 00	
Pépinière de l'Est [1] (avant remblai, 28,851ᵐ), aujourd'hui.	25,982 00	
Total des jardins et terrains.	345,513ᵐ 00	345,513 00
Total général des bâtiments, cours, jardins et terrains.		376,528ᵐ 00

RÉSUMÉ DES SURFACES DE BATIMENTS

COURS, JARDINS ET TERRAINS.

La surface en bâtiments est de.	18,052ᵐ 00	ou 1ʰ 80ᵃ 52ᶜ [3]
Celle des cours de.	12,963 00	ou 1 29 63 [3]
Celle du jardin public.	217,694 00	ou 21 76 94 [4]
Celle des jardins réservés, pépinières, fleuristes, etc.	127,819 00	ou 12 78 19 [5]
Total général égal à celui du détail. . .	376,528ᵐ 00	ou 37ʰ 65ᵃ 28ᶜ [6]

---

[1] Elle est occupée par le jardin botanique de la Faculté de médecine.

[2]   5 arpents 1/4
[3]   3   —   3/4
[4] 63   —   3/4   } 110 arpents.
[5] 37   —   1/4

[6] La surface générale de la Chambre des Députés, bâtiments, cours et jardin, n'est que de 33,320ᵐ 00 environ.

NOTA. Le jardin public du Luxembourg, les jardins réservés et les pépinières occupent ensemble une surface de. . . . . 345,513 ᵐ 00

Le jardin des Tuileries, parties réservées comprises, a en surface. 235,440 00

Il résulte de ce rapprochement que la différence en plus pour les jardins du Luxembourg est de. . . . . 110,073 ᵐ 00

COUVERTURE DES BATIMENTS.

Palais. La surface de la couverture des combles est (en ardoise) de. . . . . $7,429^m 00$

La surface des terrasses et chenaux est (en plomb) de. $2,611\ 00$

Total de la couverture du palais. . . . . $10,040^m 00$

Dépendances. La surface générale de la couverture, Petit-Luxembourg compris, est (en ardoise) de. . . $16,227\ 00$

La surface générale des chenaux est (en plomb) de. . . $1,000\ 00$

Total général de la couverture des bâtiments. . . . . . $27,267^m 00$ [1]

—◁▷◉◁▷—

RENSEIGNEMENTS GÉNÉRAUX.

La plus grande longueur des jardins, du Nord au Sud, c'est-à-dire de la grille de la rue de Vaugirard, derrière le théâtre de l'Odéon, à celle de l'extrémité de l'allée de l'Observatoire, est de $919^m 00$ (un kilomètre environ).

La plus grande largeur, de l'Est à l'Ouest, c'est-à-dire de la grille de la rue d'Enfer à celle de Fleurus, est de $570^m 00$ (un demi-kilomètre environ).

La plus grande longueur du parterre, prise du pied des grands pavillons d'angle de la façade sur le jardin jusqu'à la première marche de la partie circulaire où commence l'allée de l'Observatoire, est de $250^m 00$.

La plus grande largeur de ce parterre, prise entre les deux perrons des talus circulaires au-dessous des terrasses, est de $172^m 00$.

La longueur de l'allée de l'Observatoire, comptée de la première marche de la partie circulaire où se termine le parterre jusqu'à la grille placée à l'extrémité de cette allée, est de $520^m 00$ (un demi-kilomètre).

La largeur de l'allée principale est de $24^m 00$.

[1] 2 hectares 72 ares 67 centiares ou 8 arpents.

La distance de la grille au pied du bâtiment de l'Observatoire-Royal, est de 479^m00 (un demi-kilomètre environ).

La distance entre le pavillon de l'horloge de la façade du palais sur le jardin et le bâtiment de l'Observatoire, est de 1,258^m00 (un kilomètre un quart).

La distance générale entre la grille d'entrée au Luxembourg, derrière le théâtre de l'Odéon, et le bâtiment de l'Observatoire, est de 1,398^m00 (un kilomètre et demi environ).

L'inclinaison du terrain, à partir du sol du rez-de-chaussée de l'Observatoire jusqu'au palais du Luxembourg, est de 17^m92, c'est-à-dire 0^m0143 par mètre. Le sol de ce rez-de-chaussée, rapporté sur le palais, atteint exactement le dessus de l'entablement du petit ordre composite du pavillon de l'horloge.

OBJETS D'ART, DE DÉCORATION ET PLANTATIONS.

Les statues et groupes en marbre qui décorent actuellement les jardins du Luxembourg sont au nombre de. 49

Statues nouvellement commandées (quelques-unes sont placées). 19

Les vasques et vases de toutes dimensions sont au nombre de. 178

Total des objets d'art. 246

Les orangeries contiennent une collection d'orangers, grenadiers et arbustes de toute espèce, savoir :

Orangers de 5^m00 de hauteur (caisses de 1^m40 comprises). 80

Orangers de 3 à 4^m00 de hauteur (caisses de 1^m00 comprises). 87

Total des orangers. 167

Grenadiers de 2^m50 de hauteur (caisses de 0^m70 comprises). 46

Petits orangers et arbustes de toute espèce. 207

Total général des arbres en caisse. 420

Les serres chaudes et tempérées renferment une grande variété de plantes exotiques, notamment une collection de camélias.

Les fleuristes et les carrés du jardin public contiennent quinze cents variétés de roses. Cette collection est une des plus complètes de l'Europe.

Les terrains de la grande Pépinière de l'Ouest sont occupés par une école d'arbres fruitiers et de vignes : les arbres sont au nombre de six cents d'espèces diverses, les variétés de vignes sont de mille environ.

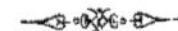

DESCRIPTION DU CHAUFFAGE.

Le système de chauffage adopté pour les localités spécialement affectées au service de la Chambre des Pairs, c'est-à-dire le rez-de-chaussée et le premier étage du palais, les salles et galeries du musée comprises, est celui qui est connu sous le nom de son auteur, M. Léon Duvoir-Leblanc [1].

Ce chauffage est établi et fonctionne de la manière suivante :

Deux fourneaux solidaires sont construits dans une cave spéciale sous le grand vestibule, au-dessus duquel repose la grande salle des séances.

Ces deux fourneaux se composent chacun d'une chaudière ou cloche double en fer, de quatre mètres de hauteur, dans le sein de laquelle se passe la combustion, qui s'opère, comme on voit, au milieu même de l'eau génératrice.

Les fourneaux fonctionnent alternativement, de manière que dans les moments de nettoyages et ramonages le service n'est pas interrompu. Ils peuvent également fonctionner simultanément au moyen de robinets de

---

[1] Ses ateliers existent rue Notre-Dame-des-Champs.

communication. Ces cloches-chaudières sont placées dans une maçonnerie de brique à doubles parois, avec isolement ou matelas d'air pour la conservation du calorique.

De la partie supérieure de chaque cloche, partent deux forts tubes ascensionnels qui portent l'ébullition dans six réservoirs supérieurs placés à l'étage des combles. C'est du fond de ces réservoirs que partent les différentes et nombreuses lignes de distribution qui vont alimenter les divers récipients d'eau chaude ou poêles placés dans les localités à chauffer, et qui font ensuite retour aux chaudières ou cloches par leur partie inférieure, s'y échauffent de nouveau et fournissent une nouvelle course ascendante et distributive.

Les surfaces de chauffe des récipients sont calculées en raison des volumes à échauffer, et aussi en raison des éléments de refroidissement.

Le volume total de l'eau en circulation est de soixante-dix mètres ou soixante-dix mille litres; il suffit de deux heures pour que cette masse d'eau considérable ait opéré son parcours général et se soit échauffée de nouveau.

La longueur totale du parcours d'eau des diverses lignes, tant d'ascension que de distribution et retour, est de *sept mille mètres* au *minimum* ou sept kilomètres (une lieue trois quarts); les tuyaux dans lesquels s'effectue ce parcours sont en fer et cachés sous les parquets.

La distance du poêle ou récipient le plus éloigné du foyer générateur est de deux cents mètres, et la chaleur de ce poêle est à peu près égale à celle des récipients les plus rapprochés.

Le nombre des récipients, tant apparents que cachés sous les voûtes et planchers, est de *deux cent quarante,* dans lesquels sont pratiqués des tubes pour servir à la circulation et au chauffage de l'air nouveau introduit dans les diverses pièces.

La consommation journalière d'eau par vingt-quatre heures est, en moyenne et au *maximum,* de cinq litres; celle du combustible (houille) est, en moyenne, de huit à dix hectolitres par vingt-quatre heures.

Les divers degrés de température donnés dans la totalité du palais sont répartis ainsi qu'il suit :

La salle des séances et les vestiaires, dix-huit degrés; l'escalier d'honneur, quinze; les autres escaliers et les couloirs, douze; et tout le reste du palais, ainsi que les salons et galeries du musée, quinze.

La Chambre et les vestiaires ont un renouvellement d'air de six mille mètres cubes par heure, sans que les assistants soient gênés par le moindre courant d'air. Une ventilation aussi énergique a été établie pour le service d'été [1].

⋘•◉•⋙

DISTRIBUTION DES EAUX

DANS LE PALAIS, LES DÉPENDANCES ET LES JARDINS.

On a vu dans la description du palais [2] que les eaux de Rungis et des sources avoisinantes traversent, à Arcueil, un aqueduc de 390^{m}00 de longueur, et, après avoir parcouru des conduits souterrains de 11,664^{m}00, sont reçues dans les réservoirs du château d'eau situé à droite de la grille d'entrée de l'Observatoire-Royal. De là elles sont dirigées dans la partie méridionale de Paris par une suite de tuyaux qui passent sous la rue d'Enfer.

La prise d'eau principale du Luxembourg, laquelle est branchée sur ces tuyaux, s'opère au moyen d'une cuvette en plomb de 1^{m}30 de longueur sur 0^{m}95 de largeur et 0^{m}40 de profondeur, placée au niveau du sol, à gauche de la grille d'entrée de la rue d'Enfer. Cette

---

[1] Pendant tout le temps qu'a duré le procès Lecomte, la température extérieure étant de trente à trente-trois degrés, celle de l'intérieur, malgré la présence de plus de cinq cents personnes et l'intensité des rayons solaires passant à travers les croisées, n'a été que de vingt-deux et vingt-quatre degrés. On a obtenu ce résultat tant par l'énergie de la ventilation, qu'au moyen de la glace placée dans les conduits d'air arrivant dans la salle, et qui en abaissait considérablement la température. Ce système de ventilation par l'eau et la glace est entièrement dû à M. Léon Duvoir-Leblanc

[2] Chapitre Ier, page 43.

cuvette, fermée par une trappe en fonte, reçoit l'eau des conduits d'Arcueil [1] par un robinet à tête de 0^m027 de diamètre, et sous la pression des bassins du château d'eau de l'Observatoire. Ces eaux se répartissent ensuite, par vingt-trois orifices de différents diamètres, dans trois cases ou compartiments.

La case à droite et celle à gauche fournissent l'eau nécessaire au bassin du grand fleuriste, aux serres du petit fleuriste et à quelques dépendances longeant la rue d'Enfer.

De la case du milieu part une artère ou conduit principal en fonte de 0^m108 de diamètre et 190^m00 de longueur; cette conduite remplit les deux grands réservoirs de la cour dite des Fontaines. En cas d'insuffisance des eaux d'Arcueil, ou lorsque le service en est interrompu pour cause de réparations, ils sont alimentés par les eaux de la Seine au moyen d'un conduit auxiliaire de 0^m050 de diamètre sur 130^m00, branché dans un regard sous trappe rue de Vaugirard, derrière l'Odéon.

Ces deux réservoirs, dont le fond est élevé de 2^m20 au-dessus du sol de la cour, ont chacun 5^m50 de longueur sur 4^m00 de largeur et 1^m70 de profondeur : leur contenance est par conséquent de 74,800 litres. Ils alimentent les principaux conduits sur lesquels sont piqués, de distance en distance, tous les branchements de distribution nécessaires au service des palais et des jardins.

Le service des eaux du grand palais s'effectue au moyen d'une pompe à manège établie dans la cour des Fontaines. Cette pompe, branchée sur les grands réservoirs, distribue les eaux d'Arcueil dans deux autres réservoirs placés au second étage des pavillons-milieu des façades latérales Est et Ouest du palais. Ces réservoirs ont : celui de l'Est, 3^m00 de longueur sur 1^m30 de largeur et 1^m10 de profondeur, il contient 4,290 litres; celui de l'Ouest a 1^m30 de longueur sur 1^m05 de largeur et 0^m70 de profondeur, il contient 955 litres; — ensemble 5,245 litres.

---

[1] Autrefois la prise d'eau se faisait dans un petit bâtiment ou regard en pierre construit vers la même époque que l'aqueduc d'Arcueil (1624), sur l'emplacement où est aujourd'hui la cuvette sous trappe. La prise d'eau s'opérait au moyen de quatorze orifices de 0^m027 de diamètre. Ce regard formait, dans la rue d'Enfer, une saillie qui gênait la circulation; il a été démoli en 1836 par la ville de Paris.

Le service des eaux du jardin public, celui des jardins réservés et dépendances se trouvent assurés par plusieurs conduits principaux et par vingt-cinq branchements, qui aboutissent à autant de bouches d'arrosement avec robinets à pas de vis placés dans les pelouses et les talus.

Le grand bassin octogone du parterre est alimenté par le trop-plein des grands réservoirs, qui vient aboutir au sommet de la vasque du milieu. Ce bassin a 57^{m}40 du Nord au Sud, 48^{m}90 de l'Est à l'Ouest, et 0^{m}63 de profondeur sous bordure ; il contient un cube d'eau de 1501^{m}57.

Indépendamment des différentes distributions d'eau précédemment décrites, obtenues en temps ordinaire par les conduits d'Arcueil et, accidentellement, par ceux de la Seine, il existe encore au Luxembourg, comme complément du service extérieur, deux prises d'eau sur ceux des conduits du canal de l'Ourcq qui longent la rue de Vaugirard : la première, située à la grille Férou, est branchée, par un robinet de 0^{m}080 de diamètre, dans un regard avec trappe en fonte ; la seconde, établie sous une bouche à clef à la grille du Pot-de-Fer, donne l'eau par une conduite de 0^{m}050 de diamètre.

Hôtel du Petit-Luxembourg. — Une prise d'eau, particulière à cette dépendance principale du grand palais et aux communs de la rue de Vaugirard, s'opère par deux orifices de 0^{m}01 aboutissant à une cuvette de jauge placée dans l'aile à droite de l'hôtel. Cette cuvette remplit un réservoir de 2^{m}00 de longueur sur 1^{m}30 de largeur et 3^{m}60 de profondeur ; il contient 9,360 litres d'eau.

Hôtel de la rue d'Enfer. — Une prise d'eau particulière alimente ce bâtiment et le petit fleuriste ; elle a lieu, par deux orifices de 0^{m}008 de diamètre, dans une cuvette de jauge située rue d'Enfer, 46.

En résumé, on voit par ce qui précède, concernant la distribution des eaux nécessaires aux différents services de la Chambre des Pairs, que ces services sont assurés par les eaux d'Arcueil, celles de la Seine et du canal de l'Ourcq, recueillies dans cinq réservoirs contenant ensemble 89,405 litres d'eau.

On voit aussi qu'indépendamment de ces cinq réservoirs maintenus toujours pleins, il existe, comme complément du service extérieur, trois prises d'eau particulières, savoir : une rue d'Enfer, 46, branchée sur les eaux d'Arcueil, et deux autres rue de Vaugirard, branchées sur les eaux du canal de l'Ourcq.

Il suffit, pour compléter ces renseignements, d'ajouter que les conduits ou tuyaux renfermés dans l'enceinte du Luxembourg, et par lesquels s'effectue la distribution générale des eaux, ont en longueur, savoir : ceux de plomb, $1,571^{m}00$; ceux de fonte, $1,988^{m}00$; ceux de tôle galvanisée, $47^{m}00$. Ils ont par conséquent ensemble une longueur développée de $3,606^{m}00$, c'est-à-dire plus de trois kilomètres et demi.

FIN.

TABLE DES MATIÈRES.

TABLE.

Pages.

FIN DE LA TABLE.

Allée des Soupirs 58